부파불교와 아함경

3.중아함경

(사)한국불교금강선원 금강회

중아함경
(中阿含經. Majjhima Nikaya)

중아함경은 장아함경이
긴 문장을 중심으로 정리한 데 비해
중간 길이의 말씀들을 정리하여 모은 것이다.

헤르만 헤세는 이 책을 읽고 영감을 받아
1916년 '데미안'을 출간하였고,
1922년 '싯다르타'를 썼다.
그는 싯다르타에서 부처님에 대해
다음과 같이 묘사하고 있다.

"부처님은 겸허한 태도로 깊은 생각에 잠겨
길을 걷고 있었다. 그의 조용한 얼굴은
기쁨도 슬픔도 띠지 않고 소리없이
내면을 향해 미소를 짓고 있는 듯이 보였다.

내면의 미소를 띠고 조용히 침착하게,
건강한 어린아이처럼, 부처님은 걸어가고 있었다.
자신을 추종하는 다른 모든 승려들과 똑같이
웃 옷자락을 걸치고 엄격한 계율을 쫓아
발을 내딛고 있었다.

그의 얼굴, 그의 걸음걸이,
조용히 내려 뜬 시선,
조용히 늘어뜨린 팔,
그 늘어진 팔의 손가락 하나하나까지도
평화를 말하고 완전함을 말하고 있었다.
무엇을 추구하는 것도 아니요,
흉내내는 것도 아니고,
온몸은 구원의 안식 속에,
구원의 광명 속에
범할 수 없는 평화 속에
고요히 숨쉬고 있었다."

중아함경을 통해 위와 같은 감동을 주는

부처님 모습을 생생하게 접할 수 있다.

부처님은 우리에게 톱니, 뗏목, 화살, 목욕을 통해
마음에 박힌 쐐기를 빼고,
뱀에 물리지 않는 방법을
연꽃, 조탁(彫琢), 숯불구이에 비유하고,

불법을 만나기가 눈먼 거북이가 넓은 바다에서
구멍 뚫린 뗏목을 만나는 것 같이 어려우니
허공과 같은 마음으로 밑바닥을
알 수 없는 바다를 헤엄치듯
조심스럽게 걸어가야 한다고 경고하고 있다.

이 경전은 불멸 3개월 후에 이루어진 제1결집본이
여러 부류별로 구전되어 오다가
기원전 3세기경 아쇼카왕 비문에 수록되고
다시 그것이 기원전 50년경
스리랑카 밧타가마니왕 시대에
문자로 기록된 것이라 알려져 있다.

경전의 구성은 근본 50편,
중간 50편, 후반 50편으로 되어있고,
각 편이 5품씩으로 나누어져 있으며
그 품마다 10개씩의 경전이 수록되어 있어
총 150편이 되는데,
제3 후반품에 두 개의 경전이 첨가되어 있으므로
모두 152편이 된다.

대부분의 경전은
부처님 수행승들 가운데 대화체로 이루어져 있는데
때로는 왕과 왕자, 성직자, 고행자들,
순박한 마을 사람들과 학자, 탐구자, 논쟁자들과도
대화를 나누고 때로는 수많은 사람들과도
대화를 나누는 너무나 인간적인 모습을 볼 수 있다.

그리고 지도자가 부처님만 되는 게 아니라
부처님 제자들 가운데 비구, 비구니도 끼어 있어
다양한 색상을 가지고 있다.
152경 가운데 싸리뿟따가 9경, 아난다가 7경,

마하깟짜나가 4경, 목가라나가 2경,
수행녀 담마딘나가 재가신자 비싸가의 질문에
답한 것도 있다.

부처님의 법문을 부연해서 설명한 것도 있고,
자기 소견에 의해 설한 것을
부처님께 인증받은 것도 있다.
그래서 그 형식이 매우 다양하고 자유스럽다.

특히 살인귀 앙굴라말라 이야기와
랏타빨라의 출가 이야기에는 극적인 요소가 들어 있고,
그 감각적 논리적 토론은 어떤 경전, 어떤 소설에서도
보기 드문 희유성을 지니고 있다.

한역 중아함경에는 근본경전 맛지마니까야보다
70개의 경전이 더 들어 있어 총 222경이 되었는데,
여기 추가된 경전들은 쌍윳따니까야나, 앙굿따라니
까야, 디가니까야에 나오는 경전들이 포함되어 있기
때문에

반복된 성향도 있다. 이같은 경전이 번역되면서
여기저기 끼어지게 된 것이다.

다만 그 가운데서도 98개가 거의 일치하고 있으나 문
장의 장단, 부분의 묘사에 상당한 차이가 있을 뿐이다.
빠알리어 대장경은 남방상좌부 경전인데 반하여
한역대장경은 북방설일체부 경전이므로
다소 차이가 날 수 밖에 없다.

그런데도 한국빠알리어성전협회 전재성 박사님께서는
이들 모든 경전을 언어학적으로 또는 문장학적으로
상세히 분석하여 그 오류를 바로 잡고 후배들을 위
하여 교육하고 계시니 감탄하지 아니할 수 없다.

그래서 여기서도 한글대장경, 신수대장경 뿐 아니라
최근에 번역된 여러 개의 경전들을 비교해 보았으나
빠알리어 성전협회 것이 가장 본이 되므로
그것을 바탕으로 하여 축역하였다.

항상 말하지만 시간에 쫓겨 사는 사바세계 중생들은
책 한 페이지 읽는데도 시초(時秒)를 다투므로
간략히 우선 소개하는 형식으로 그 골자만을 뽑아
정리한 것이니 깊이 넓게 이해를 구하는 사람은
차근차근 원전을 놓고 여유있는 마음으로
공부하시기 바란다.

불기 2564년 9월 1일
금강선원 부이사장 **지 광**

근본 50편

제1품 근본법문품
(Mulapariyaya-Vagga)

1. 근본법문경(Mulapariyaya Sutta)
―우상숭배―

부처님께서 옥까타시(설산부근) 쌀라라자 나무 아래에 계실 때 수행승들에게 다음과 같이 말했다.

"세상에 배우지 못한 일반인들은
고귀한 님(부처님)을 인정하지 않고
그의 가르침을 알지 못하고
거기 이끌리지 않으며
참사람과 참사람의 가르침에 이끌리지 않는다.

그들은 땅을 땅(나, 내것, 신이라는 견해)으로 여기고
땅을 땅으로 여기고 나서는 땅을 생각하고

땅 가운데를 생각하고 땅으로부터 생각하며
땅을 내 것이다 생각한 뒤 땅에 대해 즐거워한다.
왜냐하면 그는 그것을 알지 못하는 까닭이다.

물, 불, 바람, 존재, 신, 창조주, 하느님,
빛이 흐르는 하느님 세계(極光天),
영광이 충만한 하느님의 세계(遍淨天),
탁월한 과보를 받은 하느님의 세계(廣果天),

승리하는 하느님의 세계(勝者天),
무한한 공간의 세계(空無邊處),
무한한 의식의 세계(識無邊處),
아무 것도 없는 세계(無所有處),

지각하는 것도
지각하지 않는 것도 아닌 세계(非想非非想處),
보여지고, 들려지고, 감각된 세계, 인식된 세계,
하나의 다양한 것, 모든 것, 열반, 안온,
청정의 세계도 마찬가지다.

그러나 거룩한 님은 그것을 보고
거기에서 이미 벗어났다.

2. 모든 번뇌의 경(Sabbasava Sutta)
 －번뇌를 끊는 방법－

부처님께서 아나타삔디까 승원에 계실 때
여러 수행승들에게 말했다.

"나는 번뇌의 소멸에 관해 잘 알고 본다.
이치에 맞게 정신활동을 기울이면
아직 생겨나지 않은 번뇌는 끊어지고
반대로 집착하면 번뇌는 더욱 불어나 끊어지지 않는다.

아직 생겨나지 않은 감각적 쾌락과 욕정과
존재, 무명에 대하여 정신을 기울여야 한다.
나는 과거에 무엇으로 있다가 무엇으로 변했을까.
현세에는 또 미래에는 어떻게 될 것인가,
의심하면 6감의 견해가 생겨
자아에 대한 의식이 생겨나게 되어 있다.

거기서 선악에 대한 관념이 깊어져
견해의 숲속에 들어가 왜곡하고 몸부림치다 얽매인다.

한 번 얽히면 나고 늙고 병들고 죽는 것에 대한 비탄,
슬픔, 고통, 근심, 절명에서
벗어나지 못하므로 고통이 있게 된다.

그러므로 나는 고귀한 님을 인정하고
그의 가르침을 듣고 귀 기울여 말하는 것이다.
가르침을 받고 정신활동에 귀 기울이면
감각적 쾌락과 욕망, 존재, 무명이 사라져
마침내 온갖 고통이 사라지게 되기 때문이다.

그러므로 그대들은 자세히 살펴 이치에 맞게
청각, 후각, 미각, 촉각, 정신능력을 다스려 수호하라.
이치에 맞게 추위와 더위를 조절하고
모기, 바람, 연기, 뱀과의 접촉을 막고

의복, 음식을 취하며 건강을 지키고 상해를 방지,
청정을 유지하면
예전에 고통을 겪고 새로운 고통을 일으키지 아니하면
건강하고 허물없이 관을 할 수 있을 것이다.

이렇게 관찰 인내하고,
제거하여 끊으면 번뇌는 저절로 멸해지고
안온을 얻게 될 것이다.

3. 가르침의 상속경(Dhammadayada Sutta)

　―진리의 상속자―

부처님께서 아나타삔디까 승원에 계실 때
수행승들에게 말씀하셨다.
"그대들은 나의 가르침의 상속자가 되어야 한다.
재물의 상속자가 되면 아니 된다.

만약 내가 탁발하여 만족하게 먹고 남아
발우에 음식을 제자들에게 주었다면
그것을 받아먹는 사람보다 먹지 않고 하루를
허기진 가운데서 정진하는 사람이 훨씬 나을 것이다.
욕심없이 인욕정진하는 마음이 강하기 때문이다."

그때 부처님께서 승원으로 돌아가시자
싸리뿟따가 물었다.
"벗들이여, 부처님께서 우리와 떨어져 있을 때
피차가 '멀리 여읨'을 배우는 길이 있다면
어떤 것이 옳겠는가?"

"저희들은 바로 그것을 배우기 위해서 이곳에 왔으니
그 뜻을 밝혀 주십시오."
"스승께서 버려야 한다고 하신 것을 버리지 않고
사치스럽고 태만하면 그것을 멀리 여읜 것이 아니므로
마땅히 비난 받아야 한다.
이것은 중년 수행승이나 새내기 수행승이나 똑 같다.

만약 스승과 떨어져 있더라도
스승의 말씀을 마음속 깊이 새겨 멀리 여의고
사치하지 않고 태만하지 않으면
타락하지 아니할 것이다.
만약 탐내고 성내고 어리석은 악을 제거하기 위하여
정도를 행하면 그는 중도를 얻어 바른 눈과 앎과
고요함, 탁월함, 바른 깨달음을 얻어
열반에 이르게 될 것이다.

분노도 악이고 원한도 악이며 저주, 횡포, 질투, 인색,
광기, 환상, 고집, 격분, 자만, 오만, 허망, 태만도
악이니 그런 것이 생길 때에도 8정도를 닦으면
누구나 깨달음을 얻어 열반을 증득할 것이다."

4. 두려움과 공포에 관한 경(Bhayabherava Sutta)

　－숲속에서 공부하는 자의 자세－

부처님께서 아난타삔디까 승원에 계실 때
부자 바라문 자눗쏘니가 와서 인사하고 문안하였다.

"세존이시여, 훌륭한 가문의 제자들이
존자 고따마께 귀의하여 집에서 집 없는 곳으로 출가,
존자를 본보기로 알아 도움을 받고
길을 안내받고 있습니다."

"그렇습니다. 나는 그들보다 앞서가는 자며
아는 그들을 도와 안내하고 있습니다."
"우거진 숲속은 견디기 어렵고, 멀리 여의고,
그 여읨을 즐기기 어려운 것으로 아는데
집중할 수 있습니까?"

"그렇습니다. 숲은 집중하지 아니하면
수행하기 어려운 곳입니다.
그러나 신체적 행위와 언어,

정신적 행위를 청정히 하고
숲속에 들어가면 커다란 안도감을 얻을 수 있습니다.

그러므로 숲속으로 들어가는 자는
탐욕과 분노, 해태, 혼침, 흥분, 불안정, 의혹, 의심,
칭찬과 경멸, 칭송과 명성, 게으름을 버리고
새김, 집중하여 숲속으로 돌아가 초하루,
보름에 관계없이 두려움과 공포없이 걷고,
머물고, 앉고, 누우면 장애가 없는 것입니다.

실로 나는 이러한 사유와 숙고로써
내적인 평온과 마음에 통일을 얻었고
사유 숙고를 뛰어넘어 삼매에서 생겨나는
희열을 얻어서 첫 번째, 두 번째 선정을 얻고,
세 번째, 네 번째 선정을 얻으면서

전생의 업을 기억, 숙명통을 얻고
천안통을 얻어 남의 마음을 아는 타심통,
남의 소리를 들을 수 있는 천이통을 얻었으며,
마침내 온갖 신통력을 다 갖춘 신족통을 얻었습니다."

5. 더러움이 없는 경(Anangana Sutta)

―싸리불과 목연존자의 법문―

부처님께서 아나타삔디까 승원에 계실 때
싸리뿟따가 수행승들에게 말하였다.
"세상에는 네 가지 종류의 사람이 있다.

① 자신에게 더러움이 있어도 내 안에 더러움이 있다는 것을 있는 그대로 알지 못하는 사람.
② 자신에게 더러움이 없으면 내 안에 더러움이 없다는 것을 잘 아는 사람.
③ 자신에게 더러움이 있으면 내 안에 더러움이 있다고 잘 아는 사람.
④ 자신에게 더러움이 없으면 내 안에 더러움이 없다고 잘 아는 사람.

①은 열등한 사람 가운데서도 열등한 사람이고
②는 덜 열등한 사람이며,
③은 수승한 사람이고,
④는 수승한 사람 가운데서도 수승한 사람이라 부른다."

그때 마하목갈라나가 물었다.
"벗이여, 이 가운데 열등한 사람과
수승한 사람의 원인과 조건이 무엇입니까?"
"열등한 사람은 더러움이 있어도
제거할 의욕을 일으키지 않고, 노력을 기울이지 않고,
애써 정진하지 않으며, 도리어 탐내고 성내고
어리석은 짓을 하여 더 더러움이 대장간에서
가져온 청동발우를 방치해 때가 끼게 하는 것과 같고,

반대로 더러움이 있는 것을 아는 사람은
제거할 의욕을 일으키고 노력정진하며
청동발우에 때가 끼지 않게 하는 것과 같다.
그래서 아는 사람은 청정하고 아름다운 정신활동으로
3독에 물들지 않는다 한 것이다."

"벗이여, 더러움이란 무엇입니까?"
"악하고 건전하지 못한 욕망을 말한다.
죄를 짓고도 지었다는 생각이 없으면
욕망의 영역을 벗어나지 못한다.

그러나 죄를 지었다는 것을 아는 사람은
생각을 일으켜 악을 제거하기 때문에
착한 사람이 되는 것이다.
그런데 어떤 수행자는 나만 그렇겠느냐 하며
도리어 화를 내는 사람이 있는데
이는 참으로 고치기 어려운 사람이다."

"그렇습니다. 옛날 라자가하에
수레공의 아들 싸미띠가 있었는데
그의 친구 사명외도 빤두뿟따가
바퀴의 비틀린 곳, 굽어진 곳,
결함이 있는 곳을 교정하여
깨끗하고 견고한 수레바퀴 만드는 것을
칭찬한 것 같이

집 있는 곳에서 집 없는 곳으로 출가한 스님들은
교활, 거만하지 않고 사기치고 변명하지 않으며
교만하고 가볍지 않고 수다스럽고 상스럽지 않게
감각을 수호, 식사를 절제한다면

그는 부처님의 제자로서 아둔하지 않는
지혜인이라 부를 것입니다."

"그렇다 목갈라나여, 식사를 절제하고
항상 깨어 배움에 전념하고
태만하지 않고 멀리 여읨에 앞장서는 사람은
이 사람이 부처님의 제자로서
더러움이 없는 사람이라 할 것이다."

6. '바란다면' 경(Akankheyya Sutta)

　－수행자답게 사는 방법－

부처님께서 아나타삔디까 승원에 계실 때
수행승들에게 말했다.

"모름지기 계율을 지키고 계율의 항목을 수호하라.
만약 수행자들로부터 사랑을 받고 좋아하고,
존경받고 인정을 받기 원한다면 계행과 선정을 닦고
지혜를 갖추어 한가한 곳에서 살아야 한다.

또한 만약 의복, 음식, 처소, 필수품을 얻기 위할 때는
그렇게 해야 하고, 나의 시주자에게
커다란 공덕이 있기를 바라고
친족이나 죽은 사람에게
훌륭한 과보가 있기를 바란다면
반드시 그렇게 해야 한다.

불쾌, 두려움과 공포를 없애고
청정한 마음으로 즐거움을 얻고

색계·무색계에서 해탈을 얻으려 할 때도,
4향4과를 얻고 6신통을 얻고자 할 때도
마땅히 그렇게 해야 하느니라."

7. 옷감비유경(Vatthupama Sutta)

　―물듦이 없는 삶―

부처님께서 아나타삔디까 승원에 계실 때
수행승에게 말했다.
"여기 때가 묻은 오염된 옷감이 있는데,
염색공이 다른 염료로 물들인다면
선명하게 물들지 않을 것이다.

그러므로 수행자는 욕심과 부정, 악의, 진심,
원한, 저주, 격분, 질투, 인색, 속임, 고집,
선입견, 자만, 오만에 물들지 않아야 한다.

만약 여래 10호를 생각하면서
세존께서는 거룩하신 님, 올바로 가르친 님,
시간을 초월한 님, 와서 보라고 할 만한 교육자,
슬기로운 선생님이라 믿는다면

그야말로 참모임에 참여한 참 가르침의 제자로서
공양받고 대접받고 보시, 예배 받을 만한

위없는 공덕의 밭이 된 것이다.

그가 어느 정도 오염을 포기하고 쫓아내고 놓아버리면
깨우쳐 환희와 희열을 얻고 청정한 믿음과
상쾌한 몸과 마음의 행복을 얻게 될 것이다.

그런 사람은 흰 쌀죽에
여러 가지 스프, 조미료를 먹는다 하더라도
장애가 되지 아니할 것이다.

그 마음은 자·비·희·사의 마음이
시방세계에 꽉 차 공경, 공양, 찬탄, 예배,
보시를 받을 만한 자가 되기 때문이다."

그때 순다리까 바라드와지 바라문이 물었다.
"그래도 세존께서는 바후까강으로 목욕하러 가십니까?"
"바후까강이 나에게 무슨 소용이 있습니까?"
하고 다음과 같이 노래 불렀다.

"바후까강과 아디학까 강과 가야 쑨다리까 강
싸리싸이 빠야 강 바후마띠 강이 있어
어리석은 자들은 항상 뛰어들어 검은 행위를 씻지만
강물은 악업을 씻지 못한다네,
잔인하고 죄 많은 사람들아!

청정한 자에겐 항상 정화 일과 포살 일이 있나니
마음이 맑고 깨끗한 자는
항상 여기 이르러 계행을 원만히 한다네.
바라문이여, 여기 와서 목욕하라.
그리하면 모든 존재들이 그대에게서 평안을 얻으리라.

거짓을 말하지 않고 생명을 죽이지 않고
주지 않는 것을 빼앗지 않고
믿음 가지고 인색하지 아니 하면
가야 강으로 갈 필요가 없다네.
가야 강도 그대에겐 우물에 지나지 않기 때문이네."

"훌륭하십니다, 세존이시여.

당신은 넘어진 것을 일으켜 세우고
가려진 곳을 열어 보이고
어리석은 자에게 길을 가르쳐 보이고
눈 있는 자에게 보게 하며
어둠 속을 밝히듯이
진리의 등불을 밝혀주시는 분입니다."

그는 곧 청정한 삼보께 귀의하고
출가한 뒤 얼마 되지 않아
생사를 해탈한 아라한이 되었다.

8. 버리고 없애는 경(Sallekha Sutta)

─쭌다의 깨달음─

부처님께서 아나타삔디까 승원에 계실 때
존자 마하 쭌다가 물었다.
"세존이시여, 세상에는 자아에 대한 이름과
세계에 대한 이름이 많습니다.
불도 수행으로 이 같은 견해를 없앨 수 있습니까?

"그것은 나의 것이 아니고, 내가 아니며,
나의 자아가 아니라고 올바로 보면
그 이름은 버려지고 폐기된다.
이런 사람들은 나의 계율에서 사유와 숙고를 통해
내적 평온을 얻은 뒤 삼매에서 일어난 행복과
기쁨 속에서 이를 성취하는 경우도 있고,
제2, 제3, 제4선을 통해서 얻는 경우도 있다.

말하자면 다른 사람들이 잔인, 살해, 투도, 순결,
거짓말, 이간질, 꾸미는 일, 악담, 설욕, 탐·진·
치, 잘못된 견해, 사유, 언어, 행위, 삶, 생활,

정신, 새김, 집중, 지혜, 해태, 혼침, 회한, 의심,
악과, 원한, 저주, 횡포, 질투, 인색, 거짓, 기만,
고집, 자만, 충고, 악우, 나태, 불신, 참괴, 태만 속에
지혜와 새김이 부족하더라도 자기의 견해에 집착하지
아니하면 누구나 쉽게 버릴 수 있다.

쭌다여, 착하고 건전한 마음을 일으키면
크게 이익이 된다.
하물며 원리에 따르는 신체적 행위나 언어뿐 이겠는가?
설사 잔인, 살생 속에서도
나는 그렇게 하지 않겠다고 생각하면
즉시 그는 잔인, 살생하지 않게 될 것이니
아무리 악하고 불건전한 존재라도
잘못된 것을 고치게 하면 반드시 고쳐지게 되는 것
이다.

이것이 나를 버리고 없애는 것이고
마음을 일으키는 것이며,
피해서 상층의 경계에 나아가 완전히 소멸시키는 것

이다.

마땅히 이익을 구하고 연민을 일으킨 수행자는
조용히 나무 밑에 앉아 선정을 닦아
후회 없는 생활을 하여야 할 것이다."

쭌다는 만족한 마음으로 기쁘게 생각하였다.

9. 올바른 견해 경(Sammaditthi Sutta)

―사리불의 법문 아름다운 삶―

부처님께서 욱까타시 쑤바가 숲
쌀라라자 나무 아래 계실 때
싸리뿟따가 수행승들에게 말하였다.

"고귀한 제자가 악하고 불건전한 것들과
그 뿌리를 분명히 알고, 착하고 건전한 것들을 알면
그만큼 올바른 견해가 바르게 되어
가르침에 흔들리지 않는 확신을 가지고
올바른 가르침을 성취한다.

그러면 어떤 것이 악하고 불건전한 것들인가?

① 생명을 죽이고
② 주지 않는 것을 취하며
③ 잘못된 사랑을 하고
④ 거짓말하고
⑤ 이간질하고

⑥ 욕지거리하고

⑦ 꾸미는 말하고

⑧ 탐욕하고

⑨ 분노하고

⑩ 잘못된 견해를 갖는 것이다.

그 뿌리는 탐내고 성내고 어리석음이 된다.

어떤 것이 착하고 건전한 것들인가?

① 생명을 죽이지 않고

② 주지 않는 것을 갖지 않으며

③ 잘못된 사랑을 범하지 않고

④ 거짓말 하지 않고

⑤ 이간질 하지 않고

⑥ 욕지거리 하지 않고

⑦ 꾸미는 말 하지 않고

⑧ 탐욕을 내지 않고

⑨ 성냄을 하지 않고

⑩ 바른 견해를 가지는 것이다.

그 뿌리는 탐욕과 성냄이 없는 바른 견해가 된다.

만약 부처님 제자가 이렇게 악한 것과
그 뿌리를 알고 하지 않고
착한 것과 그 뿌리를 알고 행한다면
완전히 3독을 제거하고 무명을 버리고
명(明)을 의지하여 나, 내 것에 대한 생각을 제거,
모든 고통을 여의게 될 것이다.
그는 바른 견해로 흔들림 없는 확신을 가지고
올바른 가르침을 성취하기 때문이다."

"이것밖에 또 다른 법문이 있습니까?"
"그 뿌리는 자양분에 의해서 자라는데
뿌리가 성하게 되면 확고한 신념이 이루어져
바른 견해에 나아가 올바른 가르침을 성취하게 된다.

자양분에는 네 가지가 있다.
첫째는 거칠거나 미세한 물질적 자양분과
둘째는 접촉의 자양분

셋째는 외도의 자양분

넷째는 의식의 자양분이 그것이다.

목마른 사랑 때문에 자양분이 생겨났다가

그것이 소멸되면 저절로 소멸되게 되어 있는데,

그것을 소멸하는 길은

① 올바른 견해

② 올바른 사유

③ 올바른 언어

④ 올바른 행위

⑤ 올바른 생활

⑥ 올바른 정진

⑦ 올바른 새김

⑧ 올바른 집중이 그것이다.

만약 수행자가 이같은 자양분과

그 자양분의 발생과 소멸의 길을 잘 안다면

완전히 탐욕과 성냄, 바르지 못한 견해에서 벗어나

밝은 지혜를 얻고 괴로움에서 벗어나게 될 것이다.

말하자면 이런 것이 괴로움의 발생이며
괴로움의 소멸이고 괴로움의 소견에 이르는 길이다.
이것은 여러분이 잘 아는 바와 같이

① 태어나고
② 늙고
③ 병들고
④ 죽는 것이 괴로움이고
그로 인해 슬픔, 비탄, 근심, 절망,
구해도 얻지 못하는 것이 괴로움이다.

그러니까 태어난 자는 환희·탐욕·향락을 구하고,
목마른 사랑 속에서 감각적 쾌락을 즐기고,
존재와 비존재에 대한 생각이 일어나면
이것이 괴로움에 대한 발생이다.

그리고 그 목마른 사랑에 여덟 가지 바른 길로

집착에서 벗어나면 그것이 괴로움에서 벗어나는 길이
고, 이렇게 그 원인과 발생, 소멸, 소멸의 길에 이르면
완전히 탐욕과 성냄, 나, 내 것에서 벗어나
무명을 밝혀 올바른 가르침을 성취하게 된다.

늙음이란 노쇠, 백발, 주름살이 생겨 목숨이 줄어들고
감각이 노화되어 뭇 삶이 파괴되어 가는 것이고,
목숨이 다하면 존재의 다발(5온)이 흩어져 죽게 된다.

그러면 그 죽음이 그 죽음에서 끝나는 것이 아니고
또 다른 생명으로 탄생하므로
끝없는 윤회를 거듭하게 되는데
그 근본을 알아 자양분이 말라 비틀어지면
다시는 생을 받지 않기 때문에
열반에 이른다 말하는 것이다.

사실 이 세상 모든 것들은 일정 기간 태어나
머물렀다 변천하여 없어지게 되어 있지만
어리석은 사람들은 그것을 깨닫지 못하므로

끝없는 윤회 속에서 벗어나지 못하고 있는 것이다.

그러므로 생을 받지 않으려면
목마른 사랑 속에서 나타난 자양분을 끊어야 하고
집착, 견해에서 벗어나야 한다.
그 기본을 바른 견해가 기초가 되는 것이다.

10. 새김의 토대경(Satipatthana Sutta)

―37조도품―

부처님께서 꾸루국 깜맛싸담마라
꾸르족 마을에 계실 때 수행자들에게 말씀하셨다.

"수행자들이여, 뭇 삶을 청정하게 하고
슬픔과 비탄을 뛰어 넘게 하고
고통과 근심을 소멸, 바른 방도를 얻으므로
열반의 길을 실현하는 길이 있으니

첫째는 몸에 대한 관찰
둘째는 느낌에 대한 관찰
셋째는 마음에 대한 관찰
넷째는 사실에 대한 관찰이 그것이다.

물론 이것은 열심히 노력하고 올바로 알아차리고
새김을 확립하여 세상의 탐욕과 근심을 제거하기 위
해서 마땅히 해야 되는 것이다.

조용히 숲속으로 들어가 나무 밑 한가한 곳에 앉아
가부좌를 맺고 몸을 바로 세우고
얼굴을 앞으로 세워 코끝과 윗입술이 잘 정돈되도록
하여 들숨, 날숨을 확립하여야 한다.

숨을 길게 들이 쉴때는 길게 들이쉰다 분명히 알고,
숨을 내쉴 때도 마찬가지다.
짧게 쉴 때도 전신에 호흡을 경험하면서
마치 도자기 공이 선반의 물건을 분명히 알고 돌리듯이
확실하게 몸의 안팎을 관찰하면서 숨을 쉰다.

이렇게 되면 이 세상 어느 것에도 의지하지 않고
집착하지 않으며 몸을 관찰, 걷거나, 오거나,
앉고 눕고 가사와 발우를 들고, 대소변을 볼 때도
항상 깨어 있어 관찰하게 된다.

그런데 이렇게 몸속의 모든 내장과 바깥 피부를
살펴보면 온몸이 한 가지 부정한 오물로
꽉 차 있는 것을 보게 될 것이다.

쌀, 보리, 콩, 나물, 고기 등이 분해되어
피 속에 흘러가는 것을 볼 것이고,
몸속의 머리카락, 털, 손톱, 발톱, 피부, 살, 근육, 뼈,
그들 모든 요소가 응결되어
끝없이 변이상속하는 것을 보게 될 것이다.

이렇게 몸의 생성과 소멸을 관찰하면
나라고 하는 것이 요소 밖에
아무 것도 아닌 것을 발견하게 되어
'내가 없다'는 무아(無我)의 도리와
'내 것'이라는 것도 이것 밖에 없다는 것을
깨닫게 될 것이다.

살결은 물이요, 뼈대는 흙인데
여기 호흡이 왔다 갔다 하며 전기를 일으켜
체온을 형성하므로 맥박이 뛰어
삶을 지속하고 있다는 것도 깨닫게 될 것이다.

마치 길거리에 버려진 시체가

시간이 지나면서 붉게 푸르게 검게 멍들어 썩어가다가
마침내 툭 터지면 온갖 벌레가 나타나
다 뜯어 먹어 버리는 것 같이
그처럼 아끼고 사랑하던 모든 것이 허망한 것임을 느
끼면 그 동안 집착했던 마음이 떨어지게 된다.

그러면 그 동안 경험했던 즐거움과
괴로움이 즐겁지도 괴롭지도 않았던 온갖 생각,
갖가지 자양분으로 인하여
희·노·애·락을 느꼈던 것이
그 어느 곳에도 의존하지 않고
각각 흩어져 탐욕도 성냄도 어리석음도
거만하고 의심하고 고귀하고 천했던 마음이
모두 흩어져 공하게 될 것이다.

여기서 통일된 마음이 삼매를 형성하고
그 마음이 어느 곳에도 얽매인 바가 없게 되면
해탈을 얻게 된다.
여기 무슨 혼침과 해태, 흥분과 회한이 있겠는가.

아는 대로, 보는 대로, 깨닫는 대로
물질이고 느낌이고 지각이고 형상이고
의식이고 모두가 한 가지 고요한 상태로 돌아가
시각, 청각, 미각, 촉각, 정신이
빈 마음속에서 머물며 작용하고 있음을 알 것이다.
안으로 생각의 고리를 깨닫고 탐구했던 정신과
기쁨, 앎, 집중, 평정이 모두 한 생각 속에서
일어남을 알아차릴 것이다.

그래서
① 이것은 괴로움이고
② 이것은 괴로움의 원인이며
③ 이것은 괴로움의 소멸이고
④ 이것은 이 괴로움의 끝이다.
분명히 알아 깨달음을 얻으면 삶은
청정해지고 슬픔, 비탄, 근심에서 벗어날 것이다.

이것이 4정근, 5근, 5력, 8정도, 37조도품인 것이다.
다시 한 번 이것을 한문대장경 식으로

간단히 정리해 보면 다음과 같다.

1. 네 가지 새김(4念處)
   ① 몸에 관한 관찰(身隨觀)
   ② 느낌에 관한 관찰(受隨觀)
   ③ 마음에 관한 관찰(心隨觀)
   ④ 법에 관한 관찰(法隨觀)

2. 네 가지 바른 노력(四正勤)
   ① 방지의 노력(律儀勤)
   ② 버림의 노력(斷義勤)
   ③ 수행의 노력(修義勤)
   ④ 수호의 노력(守護勤)

3. 네 가지 신통의 기초
   ① 의욕 집중에 의한 노력을 형성한 신통(欲三摩地勝行成就神足)
   ② 정진 집중에 의한 노력을 형성한 신통(勤三摩地勝行成就神足)

③ 마음 집중에 의한 노력을 형성한 신통(心三摩地勝行成就神足)

④ 탐구 집중에 의한 노력을 형성한 신통(觀三摩地勝行成就神足)

4. 다섯 가지 능력(五根)
    ① 믿음의 능력(信根)
    ② 정진의 능력(精進根)
    ③ 새김의 능력(念根)
    ④ 집중의 능력(定根)
    ⑤ 지혜의 능력(慧根)

5. 다섯 가지 힘(五力)
    ① 믿음의 힘(信力)
    ② 정진의 힘(精進力)
    ③ 새김의 힘(念力)
    ④ 집중의 힘(定力)
    ⑤ 지혜의 힘(慧力)

6. 일곱가지 깨달음의 고리(七覺支)

　① 새김의 깨달음(念覺支)

　② 탐구 깨달음(擇法覺支)

　③ 정진의 깨달음(精進覺支)

　④ 희열의 깨달음(喜覺支)

　⑤ 안온의 깨달음(輕安覺支)

　⑥ 집중의 깨달음(定覺支)

　⑦ 평정의 깨달음(捨覺支)

7. 여덟 가지 고귀한 길(八正道)

　① 올바른 견해(正見)

　② 올바른 사유(正思惟)

　③ 올바른 언어(正語)

　④ 올바른 행위(正業)

　⑤ 올바른 생활(正命)

　⑥ 올바른 정진(正精進)

　⑦ 올바른 생각(正念)

　⑧ 올바른 집중(正定)

이것으로써 근본 50편 중 제1품 근본법문품을 마치고 다음은 제2품 사자후품으로 들어간다.

제2품 사자후품
(Sihanada Vagga)

11. 작은 사자후경(Culasihananda Sutta)

―집착에서 벗어나는 방법―

부처님께서 아나타삔디까 승원에 계실 때
수행자들에게 말씀하셨다.
"불교 수행자에게는 제1, 제2, 제3, 제4 수행자가 있다.

첫째는 스승에 대한 청정한 믿음이고
둘째는 계행에 대한 원만한 성취이고
셋째는 재가와 출가를 막론하고 서로 사랑하고 존중하며
넷째는 좋아하는 가르침이다.

설사 그들의 가르침과 계율,
스승에 대한 청정한 믿음이 있다 하더라도
잘못 설해지고 해석하여 해탈로 이끌지 못한다면

그렇게 한 보람이 없게 될 것이다.

그러므로 수행자는
모든 집착의 원인인 갈애,
느낌, 접촉(6감), 명색, 의식, 형성, 무명을
확실히 알아야 되는 것이다."

12. 큰 사자후경(Mahasihanada Sutta)

―고통에서 벗어나는 방법―

부처님께서 베쌀리 서쪽 마하꾸따라가라
강당(重閣講堂)에 계실 때 릿차비족 쑤낙칼따는
"고따마는 초인간이 되지 못했고
그 지견 또한 탁월함이 없다."
하고 다니다가

길거리에서 탁발하는 싸리뿟따를 만났다.
이때 싸리뿟따가 듣고 부처님께 나아가 고하니
"그는 분노에 끌려 한 말이니
그것은 나를 비방한 것이 아니고 칭찬한 것이다.
왜냐 하면 실로 나는 나를 따르는 모든 사람들에게
괴로움에서 완전히 벗어나게 하고 있기 때문이다.

실로 여래는 열 가지 힘(十力)과
4무소외(四無所畏)에 의하여 사자후를 한다.
그래서 나는 왕족, 바라문, 정진 수행자,
4천왕, 도리천, 도솔천, 염마천 등

여덟 무리의 모임에도 걸림 없이 왕래한다.

만약 이와 같은 뜻을 바르게 알지 못하고
여래를 비방하면 그는 반드시 지옥에 떨어질 것이고,
설사 공부를 조금 했다 하더라도
4생의 세계를 벗어나지 못하고, 지옥, 아귀, 축생,
인, 천 5도(五道) 세계를 벗어나지 못할 것이다.

나도 옛날에는 고행자들의 갖가지 고행을 체험하고
이 몸을 학대하고 괴롭혔다.
먹을 것, 입을 것을 먹고
입지 않고 잠도 재워주지 않고
사람들이 오면 피해서 멀리 멀리 도망쳐 다녔다.

눈, 서리, 비, 바람을 맞으며
똥오줌을 먹고 갖가지 고행을 모두 체험해 보았다.
그런데 그것은 오직 몸을 괴롭힐 뿐
깨달음과는 아무런 관계가 없었다.

그래서 4념처, 5근, 7각지, 8정도의 수행법을 개발하여
마침내 자성을 보고 깨달을 수 있었다.
그러니 수행자는 마땅히 사람의 이익과 행복을 위하여
세상을 불쌍히 여기고 구해야 할 것이다.

그때 싸끼야족 나끼싸말라는
세존의 등 뒤에서 부채를 부치고 있었다.

13. 큰 괴로움 다발 경(Mahadukkhakkhanda Sutta)

―괴로움에서 벗어나는 방법―

부처님께서 아나타삔디까 승원에 계실 때
수행승들이 탁발하러 가다가
너무 시간이 일러 이교도들의 승원에 들르니
그곳에서 말하였다.

"수행자 고따마도 쾌락에 대한 욕망, 감각, 물질, 느낌,
진리에 대한 완전한 앎을 설하고 우리도 마찬가지인데
무엇이 수행자들과 다른 점이 있는가?"

수행자들이 탁발해 가지고 와서 세존께 물으니
세존께서 말씀하셨다.
"그 쾌락에 대한 유혹은 무엇이고
위험과 여의는 방법에 어떤 것이 있는가를 물었어야
한다. 신들의 세계나 악마, 하느님의 세계,
왕과 백성들의 세계에서는
그와 같은 것에 대한 답변이 확실치 않기 때문이다.

감각적 쾌락에 대한 욕망의 유혹에서
시각, 청각, 후각, 미각, 촉각이 사랑스럽고
아름다운 감각적 쾌락에는 형상, 소리, 냄새, 맛,
감촉이 유혹하고 있고,
관, 민, 사, 농, 공, 상의 모든 세계에서도
이것을 벗어나는 방법이 확실치 않다.

훌륭한 자제들이 힘써 노력하고
분주하여 재물을 모아 놓으면
왕과 도둑이 빼앗아 가고 물, 불, 바람이 와서
떠내려 버리고 태워버리고 날려버려
감각적 쾌락이 괴로움의 다발로 바뀐다.
그러기 때문에 감각적 쾌락의 욕망과
조건을 바탕으로 해서
세상에서는 방패, 살, 창이 번쩍거리고 있으니
이런 상태로는 어떻게 죽음의 바다를 건널 수 있겠는가.

세상의 모든 형벌이 채찍, 곤장, 몽둥이질,

손발을 절단하고 눈, 코, 귀를 벌리고,
귀를 뚫고, 몸을 기름에 태우고 피부를 벗기고,
양 팔다리에 고랑을 채우고, 살과 근육을 발라내고,
흉기로 찌르고, 뼈를 절구에 빻아 기름을 끓여
짐승들에게 먹이고 꼬챙이에 머리를 꽂아
시장 바닥에 내어 걸어 놓고 있는데
모두 이것은 쾌락과 욕망, 말과 행동,
의식에서 비롯된 것이다.

그러므로 거기서 벗어나려면
신체적 악행과 언어, 정신에서 벗어나야 한다.
세상의 고통은 거기에서 끝나는 것이 아니고
그들 유혹에서 6도 세계를 만들어 내고 있기 때문이다.
그러므로 수행자는 물질에 대한 위험을
나이와 관계없이 깨달아야 한다.
아무리 아름다운 사람도 나이가 들면
쭈그러져 지팡이에 의존하고 비틀거리고
빠진 이, 성성한 백발, 대머리로 주름진 피부,
생겨난 반점, 구부러진 몸을 가지고

걸음걸이도 제대로 하지 못한다.

또 죽은 시체가 묘지에 버려지면
무릎이 푸르게 멍이 들고 고름이 흘러
파리 모기들이 와서 다 빨아 먹고,
늑대, 개, 까마귀, 까치, 독수리가 와서 찢어 먹고,
해골바가지는 햇빛, 달빛, 별빛에 다리미질 하다가
바람에 날려 흔적도 없어지게 된다.

이것이 물질적 위험이다.
그래서 수행자는 초선, 2선, 3선, 4선을 성취하여
해탈을 얻어야 한다고 하는 것이다.
설사 그 같은 경계에 이르지 못한다 하더라도
그같은 정신을 가지고 수행하는 수행자는
세상에 물이 들지 않고 즐거움과 괴로움,
만족과 불만에 이끌리지 않으므로
마음에 평정을 얻고 세상에 유혹되지 아니할 것이다."

이 법문을 듣고 수행자들은

이교도들이 말하는 감각적 쾌락과 욕망과
부처님께서 설하시는 감각, 쾌락의 차이점을 알고
그 뿌리를 말려 다시는 세속의 쾌락과
윤회에 빠져들지 않게 되었다.

14. 작은 괴로움 다발 경(Culadukkhandha Sutta)

―마하나마의 해탈―

부처님께서 까삘라밧투시 니그로다 동산에 계실 때
싸끼야족 마하나마가 와서 물었다.
"세존이시여, 저는 세존께서 탐욕, 성냄, 어리석음이
마음의 오염이라는 것을 듣고 알고 있습니다.
그러나 그 오염에서 벗어나지 못하고 있으니
그 오염의 유혹을 알고 싶습니다."

"만약 그대가 그것을 떠났다면
이미 세속에 있지 않고 출가하였을 것이다.
사실 나도 출가하기 전에는
그 같은 유혹으로 많은 고민을 하였다.

그러나 그 감각적 쾌락이
5감(시각, 청각, 후각, 미각, 촉각)에서
온다는 것을 깨닫고 거기에서 벗어났더니
세상의 유혹과 관리, 자연적인 재해에서 벗어나게 되었다.

그러므로 감각적 쾌락은 욕망을 원인으로 하고
조건을 바탕으로 하여 일어난다.

언젠가 내가 갓자꾸다(靈鷲)산에 있다가
이씨길리산 검은 바위 위에서
고통스럽게 수행하는 니간타들을 만나 물었다.
"무엇 때문에 그렇게 정진하느냐?"
그랬더니 니간타 나따뿟따가
'앉으나 서나 앎과 몸에 봄(見)이
나타나게 하기 위해서'라 하고
'그렇게 고행하면 아무리 과거에 악업을 지었더라도
지금 이 자리에서 즐거움을 얻을 수 있다'하였다."

그것은 일종의 도피이다.
그렇게 하지 않는다 하더라도
욕락에 대한 마음만 확실히 깨닫는다면
악업과 고행을 따로 할 필요가 없다.

백 가지 감각이 그 눈앞에 어른거린다 하더라도
거기 다시 유혹되지 아니할 수 있기 때문이다.

15. 추론경(Anumana Sutta)

―칭찬하지도 말고 헐뜯지도 말라―

한때 목갈라나가 박기국의 수도 쑹쑤마라기리시 베싸깔라 숲 미가다야에 있을 때 수행승들에게 말했다.

"가르침은 베풀기 어렵고 가르침은 받기도 어렵다. 참을성이 있고 가르침을 받을 자세가 되어 있지 않으니 어떻게 그 조건을 만들어 설하겠는가?"

"어떤 것이 그 조건입니까?"
"악에 지배당하지 않고
자신을 칭찬하거나 남을 비방하지 아니하며
분노, 원한에 집착하지 아니해야 된다.

그러한 말, 그러한 행동에 물든 사람도 꾸짖으면 적대감을 가지고 비난한다.
그러므로 꾸짖어 충고하기도 어렵다.
원한이 맺히면 질투하고 기만, 사치,

오만하게 되기 때문이다.
그러므로 그대들은 자신을 칭찬하지 말고
남도 비방하지 말라.
자신을 성찰하고 남을 꾸짖지 말라.
그리고 자신에게 필요치 아니한 것은
가지지도 말고 생각하지도 말라."

16. 마음의 황무지경(Cetokhila Sutta)

―다섯 가지 황무지―

부처님께서 아니타삔디까 승원에 계실 때
수행승들에게 말씀하셨다.
"수행자는 다섯 가지 황무지를 버려야 한다.

여기서 속박을 떠나지 못하면
가르침과 계율 안에서 성장, 번영, 충만하지 못하게 된다.

스승을 의심하고 확신, 신뢰하지 못하면
열심히 전념, 인내, 정근할 수 없다.
또 가르침과 참모임, 배움, 동료에 대해 주저하고
확신을 갖지 못하면 감각적 쾌락에 물들어
제 몸의 탐욕에서 벗어나지 못하고
욕망, 애착에서 벗어나지 못해 배불리 먹고
잠자는 일에 충실하여 공부를 할 수 없다.

그러니 그대들은 확신을 가지고 탐욕에 물들지 말며
먹고 자는데 충실하지 말라."

17. 우거진 숲 경(Vanapattha Sutta)

　―수행처의 좋고 나쁨―

부처님께서 아나타삔디까 승원에 계실 때
수행승들에게 말씀하셨다.

"어떤 사람이 우거진 숲이나 마을,
부락, 도시, 지방, 사람을 의지해서 지낼 때
나는 아직 이루지 못한 새김을 새기지 못하고
집중하지 못한 마음을 집중하지 못하고

소멸, 도단, 안온하지 못한 마음을
소멸, 도단, 안온하지 못하고
출가해서 조달해야 할 의복, 음식, 처소,
약품 등을 조달하지 못해
마음이 안정되지 못했다면
그 곳에 있어서는 아니 되고 그곳을 떠나야 한다.

그러나 반대로 그 모든 것을 얻고
또 마음에 안온을 얻었다면
그 장소를 떠날 필요가 없다."

18. 꿀과자 경(Madhupinika Sutta)

—법문은 달콤하게—

부처님께서 까삘라밧투시 니그로다 승원에 계실 때 탁발 후 마하벨루바 숲에 있는데 마침 그때 싸끼야족 단다빠닌이 산책 나왔다가 문안드리고는 물었다.

"수행자는 무엇을 주장하고 선언하십니까?"
"누구라도 투쟁하지 않고 감각적 쾌락을 떠나
의혹을 벗고 존재, 비존재에 대한 갈애를
끊는다는 것을 주장하고 선언한다."

이 소리를 들은 단다빠난은 머리를 흔들고
혀를 차며 이마를 찡그리고 떠났다.
저녁 때 부처님은 수행승들에게 말씀하셨다.

"어떤 원인으로 인간에게 회론에 오염된 지각과
관념이 일어나는데 거기 환희하며 주장하지 않고
탐착하지 않는다면 그것이 탐·진·치 3독과
거만, 의심에서 벗어나는 것이다.

하물며 거기 무지한 투쟁과 언쟁이 있겠는가?"
부처님께서 돌아가신 후 수행자들은
다시 마하깟짜나에게 상세한 설명을 부탁하니
'나무는 뿌리로부터 줄기, 가지, 잎과 꽃,
열매를 맺는다는 것을 확실히 알아야 하는데,
뿌리를 보고도 잎을 보지 못했다고 하면
법문을 들었다 하더라도 도움이 되지 않는다' 하고

여러 가지 감각기관을 통해 느끼는 감정에 대하여
꿀과자처럼 달콤하게 설명하여 모두가 깨닫도록 하
였다.

19. 두 갈래 사유 경(Dveharitakka Sutta)
―마음을 항복받고 혼란스럽게 하는 수행―

부처님께서 아나타삔디까 승원에 계실 때
수행승들에게 말했다.

"내가 성도 이전 보살이었을 때 두 가지 생각이 일어
났다.
감각적 쾌락에 얽매인 욕망의 사유와
목마른 사랑을 떠나버린 고독의 사유,
먼저 것은 자신을 헤치고 남을 헤치고 지혜를 억누
르고 곤혹을 일으키고 열반을 멀리하는 수행이었고,
뒤의 것은 그와 반대되는 수행이었다.

그래서 내가 부지런히 정진할 때
분노에 매인 사유가 차차 사그라지고
나와 남을 헤치는 생각이 없어져
마침내 열반, 평화를 얻게 되었다.

그러므로 그대들도 사유 숙고하되

마치 여문 곡식을 탐하는 소가 회초리를 맞고
고개를 돌리듯이 곧장 오랏줄로 약탈당하기 전에
스스로 그 마음을 항복 받으라.
스스로 그 마음을 혼란스럽게 하면
분노를 여의고 지혜를 증장시킬 수 없기 때문이다."

20. 사유중지 경(Vitakka-santhana Sutta)
— 고차적 수행방법 다섯 가지 —

부처님께서 아나타삔디까 승원에 계실 때
수행승들에게 말씀하셨다.
"수행승들이여, 보다 높은 마음을 닦으려면
다섯 가지 인상을 통찰하라.

첫째, 탐욕에 빠지면 부정관(不淨觀)을 하고
둘째, 화가 났을 때는 자비관(慈悲觀),
셋째, 어리석은 마음이 났을 때는 인연관(因緣觀),
넷째, 거만(불건전)한 마음이 생기면 계분별관(界分別觀),
다섯째, 산란한 마음이 생기면 수식관(數息觀)을 하라.

이렇게 하여 마음이 확립되고 가라앉고
통일, 집중되면 마치 숙련된 미장이가
쐐기를 박아 잘못된 것을 뽑아내듯이
깨끗이 청소하게 될 것이다.

제3품 비유법 품
(Sthanada-Vagga)

21. 톱에 대한 비유경(Kakacupama Sutta)
―이성을 좋아하는 팍구나에게―

부처님께서 아나타뻰디까 승원에 계실 때
수행녀들과 자주 어울리는 존자
몰리야 팍구나를 불러 말씀하셨다.

"팍구나여, 그대는 여자 수행승들과 자주 만나고 있느냐?"
"예, 그렇습니다."
"출가자로서 여성들과 자주 만나
친교를 갖는 것은 옳지 못하다.
출가자는 세속적인 욕망으로
세속적인 사유를 버리는 것이 좋다.

출가자는 하루에 한때 음식을 먹고도
무병하고 건강하고 상쾌하여 힘있고
평안한 것을 지각하면 좋다.

마치 말이 채찍만 보고도 목적지로 달려가듯이
마을 사람들이 구부러져 뻗어가는 쌀라나무를 잘라
대듯이 성장과 번영, 증대를 이루는 악과 불건전한
원리를 버리고 착하고 건전한 것들을 향해
노력하기 바란다.

옛날 싸밧티시에 친절하고 겸손하고
정숙, 명성이 있는 장자 부인 베데히가
영리한 하녀 깔리를 데리고 있었다.
그 하녀는 부인께서 전혀 화를 내지 않고
사랑스런 행을 하는 것을 보고
진짜 그 마음이 착해서 화를 내지 않는 것인가,

아니면 자신이 영리하게 모든 행을 하여
그러는 것인지 시험코자 아침이면 늦게 일어나고

저녁이면 일찍 잠에 들어 말을 듣지 않았다.
그런데 하녀의 행을 보고 두번, 세번, 충고한 뒤
듣지 않자 목침을 던져 머리가 깨졌다.
이로 인해 베데히는 겸손, 정숙한 자가 아니고
난폭한 자라는 평판이 나돌게 되었다.

마찬가지로 수행자가 세상에 불쾌한 소리가
들리게 된다면 되겠는가.
마땅히 수행승들은 나로 인하여 여러 사람들에게
피해가 가지 않게 추악한 말,
아름답지 못한 행이 소문나지 않게 해야 한다.

어떤 사람이 대지를 더럽히기 위하여
여기저기 호미로 땅을 파고 똥오줌을 싸고
침을 뱉는다 하더라도
대지는 결코 더럽혀질 수 없듯이
청정한 승가는 어떤 물감으로 물을 들인다 하더라도
결코 물 들 수 없느니라."

"그렇습니다, 세존이시여.
자·비·희·사로 꽉 찬 승가의 교단은
마치 고양이 털로 잘 짜여진 자루와 같아서
부드럽고 비단결 같아 나무조각이나
돌로 문지르더라도 소리가 나지 않습니다."

"그렇다. 우리의 말은 어떠한 것에도
영향을 받지 않고 추악한 말을 받아들이지 아니 한다.
양쪽 손잡이가 있는 톱으로
도적들이 그대들의 사지를 조각내어
절단한다 하더라도 분노하지 아니해야 한다.

왜냐하면 거기에는 원한도 없고 악도 없어
오직 사랑스런 마음만 흐르고 있기 때문이다."

22. 뱀에 대한 비유경(Alagaddupama Sutta)
―독수리 조련사 아릿타에게―

부처님께서 아나타삔디까 승원에 계실 때
독수리 조련사였던 아릿타가
"세존께서 잘못된 장애라고 설한 것들도
그것들을 수용하는 자에게는 장애가 되지 않는다."
라는 잘못된 견해를 고집하자 그를 불러 깨닫게 하
였다.

"아릿타여, 그대는 그런 생각을 가진 일이 있느냐?"
"예, 그렇습니다."
"잘못 생각하였다. 감각적 쾌락의 욕망은
꿈, 빌린 재물, 창 끝, 뱀 머리와 같아
즐거움은 적고 괴로움은 많아 근심, 걱정, 위험이 많다.

설사 12부경(경, 응송, 수기, 게송, 감흥어, 여시어,
전생담, 미증유, 교리문답)을 다 외워 안다 하더라도
그 가르침의 의미를 지혜로써 규명하지 않고
남을 비방하기 위해 또는 논쟁을 이기기 위해

배운다면 참된 이익과 행복을 얻을 수 없다.

가진 것에 만족하고 상주(常住) 불변(不變)에 대한
이치를 확실하게 깨닫지 못한 사람이라면
자아론에 빠져 비난받게 된다."
하고 수행승들께 물었다.

"이 세상 존재 가운데 영원불변한 것을 보았는가?"
"보지 못했습니다. 세상은 무상하기 때문입니다."
"무상한 것은 괴로운 것인가?"
"괴로우며 그 속엔 내가 없습니다.
하물며 느낌, 생각, 형상, 그 속에서 나타난
지식과 상식 또한 있겠습니까?"
"그렇다. 그 속에서 얻어진 시각, 청각, 촉각,
의식도 마찬가지이다."

수행승들은 이 같은 법문을 듣고
분명히 믿고 확실하게 깨닫고
다시는 그러한 욕망에 이끌리지 않게 되었다.

23. 개미언덕경(Vamika Sutta)

－안다숲에 나타난 괴물들－

부처님께서 아나타삔디까 승원에 계실 때
존자 꾸마라 깟싸빠가 안다숲(눈먼 숲)에 있었다.
하늘 사람들이 밤에는 연기를 뿜고
낮에는 불타오르는 것을 보고 놀라
칼로 그 자리를 파 보니 빗장이 나타났다.

한 바라문이 말했다.
"빗장을 제거하고 칼을 들어 파내십시오."
"두꺼비, 갈퀴, 거르는 채, 거북이, 칼과 도마,
고깃덩어리, 용이 계속해서 나타납니다."

이 광경을 본 꾸마라 깟싸빠가 부처님께 와서 물었다.
"세존이시여, 개미언덕은 무엇이고,
연기, 불, 바라문, 현자는 누구이고,
칼, 빗장, 두꺼비, 두 갈래 갈퀴, 거는 채, 거북이,
칼과 도마, 고깃덩어리, 용은 무엇입니까?"

"개미언덕은 지·수·화·풍 4대로 이루어진 신체로써
부모에게서 생긴 것이다.
유미죽처럼 발효되고 마멸, 변화, 분해,
해체되는 것이기 때문에 그것을 깨달은 사람은
바라문, 학승, 현자들의 고귀한 지혜와 칼로 정진하여
파내는 것이라 한다.

무지는 빗장이고, 분노는 두꺼비,
두 갈래 갈퀴는 의심, 다섯 가지 장애는 감각적 쾌락,
욕망, 분노, 혼침, 흥분, 회한이니
이것들을 파내는 기구가 칼이다.

어찌하여 거기 애착, 환락의 고깃덩어리에 빠지겠느냐.
번뇌의 용을 부수고 그를 깨달은 용에게
귀의하지 않겠느냐."

24. 파발수레 경(Rathvinita Sutta)

  —깨달은 사람들의 대화—

부처님께서 라자가하시 벨루숲 깔란다끼니바빠에
계실 때 토박이 수행승들이 각자 자기 고향에서
우안거를 보낸 뒤 세존께 인사드리고
존자 만따 나뿟따에 대하여 칭찬하였다.

"그는 실로 욕망이 적고 만족하고 한가하고
사교하지 않고 정진, 계행을 갖추고 삼매,
지혜, 해탈, 해탈지견을 성취하여
동료 수행자들을 훈계하고
인식시킬 수 있는 지도자입니다."

존자 싸리뿟다는 이 말을 듣고
만따 나뿟따를 행복한 사람, 양식있는 사람으로
대화자가 될 수 있다 생각하였고
부처님께서 싸밧티시를 유행하시니
그도 따라가 제따동산에 머물며 부처님 말씀을 들었다.

이렇게 세존의 교시와 독려를 받고 고무된
만따 니뿟따는 희열에 차 부처님을 세 바퀴 돌고
한가한 숲속으로 들어갔다.

이 소식을 들은 싸리뿟따도 그 옆으로 가
명상한 뒤에 칭찬하였다.
"벗이여, 그대는 참으로 세존을 따라
청정한 삶을 영위하십니까?"
"그렇습니다. 나는 계행이 청정하여
청정한 삶을 영위합니다.
마치 빔비사라왕이 용무가 있어 싸밧티시에 갈 때
일곱 개의 수레를 번갈아 타고 가듯이
나도 또한 계행과 마음, 견해, 의혹의 수레를 타고
열반의 성에 이르러 갑니다."

싸리뿟따는 참으로 놀라 물었다.
"당신은 도대체 누구입니까?"
"저는 까삘라시 근처 도나밧투 바라문 후신입니다.
어머니 양녀 꼰당나의 권유에 의하여 출가하였습니다.

나는 먼저 계를 통해 청정을 얻고

다음에 선정에 의해 다섯 가지 장애를 극복하고

마음에 청정을 얻었으며, 5온을 통찰하여

견해의 청정을 알고 여러 가지 조건에 의해

의혹을 끊고 길과 길 아닌 것을 통해

앎과 봄은 청정하게 되고

세간·출세간의 길을 보고

대자유를 얻게 되었습니다.

그런데 존자의 이름은 무엇입니까?"

"나는 왕사성 출신으로 원래 이름은 우빠띳싸인데,
동료 수행자들은 나를 싸리뿟따라 부르고 있습니다."
"참으로 놀랄 일입니다.
존자 싸리뿟따인 줄 알았으면
이렇게 길게 이야기할 필요가 없었는데 미안합니다."
"아닙니다. 행복합니다."

이렇게 위대한 용들은 피차의 행복을 나누며
후배들을 교육하였다.

25. 미끼경(Nivapa Sutta)

―미끼를 벗어난 사슴처럼―

부처님께서 아나다삔디까 승원에 계실 때
수행승들에게 말씀하셨다.

"사냥꾼들이 사슴들 미끼를 놓을 때
사람들의 장수와 건강을 바라는 것 보다는
사슴들이 넋을 잃고 도취되어 미끼에 걸려들기를 바란다.

수행자들도 향락의 미끼를 벗어나 숲속으로 들어가
감각적 쾌락이 이르지 못하는 곳에서
조용히 공부하면 악마에 걸리지 않고
음식, 의복, 침구, 약에 걸리지 않는다.

말하자면 쾌락에 대한 욕망,
깊은 숙고와 사유, 희열을 새김, 평정 속에 시간,
공간과 의식, 유·무의 지각을 벗어나
빛나는 지혜로써 번뇌를 부수게 된다."

부처님은 이와 같은 사슴의 미끼에 관한 예를 통해
수행자들의 몸가짐과 마음가짐에 대하여
상세히 설명해 주었다.

26. 고귀한 구함경(Ariyapariyesana Sutta)

―싸함빠띠의 권청―

부처님께서 아나타삔디까 승원에 계실 때
싸밧티성으로 탁발을 나가자
수행승들이 아난존자에게 찾아와
부처님을 뵙고 법문 듣기를 희망하였다.

바라문 람가까의 아슈람으로 오라고 가르쳐 주고
부처님을 뵈오니 부처님께서는
뽑바라마 승원 마가라마뚜 강당으로 가 쉬시고
오후에 뽑바곳타까에 가서 목욕하시자 아난다가 말했다.

"여기서 멀지 않은 곳에
바라문 람마까의 아슈람이 있습니다.
거기 가서 중생들을 어여삐 여기어 주십시오."

그리하여 아난다는 부처님을 모시고 그곳에 갔는데,
먼저 온 스님들이 부처님에 대한 이야기를 하다가

부처님을 맞아 인사하고 조용히 침묵을 지키고 있었다.

"스님들의 모임은,
첫째는 스스로 묶여 있으면서
벗어나기를 희망하는 것이 있고,
둘째는 그 묶임에서 완전히 벗어나는 것이 있다.

늙고 병들고 죽는 슬픔에 묶여 있으면서
말로만 벗어나기를 구하고
실제로 수행하지 않는 사람은
영원히 윤회에서 벗어날 수 없다."

하면서 옛날 알라라 깔라마와
웃드라카 라마뿟따를 찾아 공부한 내력을 말씀해 주셨다.

"나는 처음 성도 후 이런 생각을 하였다.
'힘들게 성취한 진리를 탐욕과 미움에
사로 잡혀 있는 자들에게 말해 보았자 소용이 없다.

내가 깨달은 진리는 너무나 깊고 높기 때문이다.'

그런데 그때 하느님 싸함빠띠가 와서 말했다.
'오염된 사람들의 부정 때문에
마가다가 오염되고 있으니 불사(不死)의 문을 열어
깨달음의 길을 설해주옵소서.
세상에는 부정한 물이 조금 덜 든 사람들도 있습니다.'

그래서 상, 중, 하 3법이 청련화, 홍련화, 백련화처럼
솟아오르게 하였다. 과연 눈이 있는 자는 보고,
귀가 있는 자는 들었다.
그때 사명외도 우빠까가 물었다.
'그대는 누구를 스승으로 삼아 무엇을 깨달았기에
그렇게 적정한가?'

'나는 승리자요, 아는 자며, 오염됨이 없다.
스스로 알았으니 누구를 스승 삼아야 할 것인가.
천상과 인간 세계에는 나와 같은 이 없네
진리의 수레바퀴를 굴리기 위해서

까시성으로 가는 길일세.'

그때 우빠까가 다시 물었다.
'당신은 무엇을 깨닫고 이겼습니까?'
'번뇌를 부수고 위 없는 진리를 전한다.'

그래도 우빠까는 이해하지 못하고 길을 떠나버렸다.
베나레스에 가서도 마찬가지였다.
'벗이여, 그대는 인간의 실상 속에서
세상을 뛰어넘지 못하지 않았는가?'
'묶여 있는 자가 벗어나고 빠져있는 자가
빠져 나왔으면 그것이 해탈이요 자유가 아닌가.'

다섯 비구들은 비로소 감각적 쾌락에서 벗어났고
나, 내것의 집착에서 벗어나
산속의 노루처럼 마음대로 뛰어나와 놀았다.
누가 특별히 가르치지 아니하여도
마음에 희열을 느끼고
삼매를 얻어 자유자재 하였다."

27. 작은 코끼리 발자취 비유경
   (Culahatthipadopama Sutta)

―자눗쏘니의 귀의―

부처님께서 아나타삔디까 승원에 계실 때
바라문 자눗쏘니가 하얀 암말이 끄는
흰 마차를 타고 오다가 유행자 삘로띠까를 보고 물었다.

"그대 밧자야나(삘로띠까의 부족 이름)여,
대낮에 어디를 가십니까?"
"수행자 고따마에게 갑니다."
"그는 수승한 지혜와 슬기로운 자라고 들었는데
사실입니까?"
"그것을 알면 그분과 똑같게요.
그분은 참으로 칭찬받을만한 분이고
신인(神人) 가운데서 가장 훌륭한 분입니다."

"당신은 어떻게 그분에 대해서 그렇게 잘 알고 계십니까?"

"발자국만 보아도 큰 코끼리를 알 수 있듯
첫째는 그 깨달음이 원만하고
둘째는 그 가르침이 원만하고
셋째는 승가대중이 원만합니다."

"당신은 그것을 어떻게 아셨습니까?"
"뛰어난 논객들이 서로 짜고 가서
이렇게 질문하고 공박하자고 하였으나
그의 진리에 대한 말씀을 듣고 자극받고
고무 되어 약속한 질문도 해 보지 못하고
그의 제자가 된 것을 보았고,

영리하고 논쟁을 일삼는 학자, 바라문, 장자,
수행인들도 모두 그러했습니다.

뿐만 아니라 그같이 훌륭한 집안사람들이
집 있는 곳에서 집 없는 곳으로 출가하여
참 삶을 사는 것을 보았습니다."

"그렇다면 나도 가서 그분을 한번 뵙겠습니다."
하고 가서 부처님을 뵙고 한쪽에 앉아
진짜 큰 코끼리가 어떻게 살고 있는가를 보았다.

때 아닌 때 먹지 않고,
몸을 가릴 만한 옷 한 벌로 만족하고,
눈, 귀, 코, 혀, 몸, 뜻이
빛, 소리, 냄새, 맛, 감촉, 법에 집착하지 않고,
보고, 듣고, 깨닫고, 아는 것에 이끌리지 않고,
안팎으로 허물이 없는 행복을 느끼고 있는 것을 보고
자눗쏘니는 감탄하여 부처님께 귀의하였다.

"참으로 놀라운 일입니다.
예전에 보고 듣지 못한 것을 보고 들었습니다.
진실로 세존께서는 넘어진 자를 일으켜 주시고,
가려진 곳을 열어 보이며,
진리를 보는 여러 가지 방법을 일러주시니
오늘부터 목숨이 마칠 때까지
삼보에 귀의하고자 하오니 받아 주시옵소서."
하여 진실한 불자가 되었다.

28. 큰 코끼리 발자취 비유경
(Mahahatthipadopama Sutta)

―4제 진리의 위대성―

부처님께서 아나타삔디까 승원에 계실 때
싸리뿟따가 수행승들에게
네 가지 진리(四諦)에 대하여 말했다.
"움직이는 생물의 발자취는 어떠한 것이든
모두 코끼리 발자취에 포섭되듯
이 세상의 최상의 진리는 4제(諦)를 벗어나지 않는다.

첫째, 고성제(苦聖蹄)는 나고 늙고 병들고 죽는
근본 4고에 사랑이 이별하고, 구해도 잘 얻어지지 않고,
5음이 치성한 원수가 한데 모여 살아야 하는 고고(苦苦),
괴고(壞苦), 행고(行苦)가 그것이다.

둘째, 집성제(集聖諦)는 이 몸이 괴로움의 연(緣)에서
만들어져 온갖 고통을 받아 느낌따라 괴멸, 안팎으로
모든 고통을 일으키는 원인으로 탐욕과 성냄,
어리석음, 거만, 의심이 나타나는 것이 그것이다.

셋째, 멸성제(滅聖諦)로 고통과 고통의 원인을 제거,
무상 속에서도 영원하고 고통 속에서도 즐겁고,
얽매임 속에서도 자유롭고, 더러움 속에서도 깨끗한
삶(열반)을 사는 것이 그것이다.

넷째는 도성제(道聖諦)이니 열반을 증득하는
여덟 가지 바른 행이 그것이니 바로 보고, 바로 생각하고,
바른 말, 바른 행, 바른 삶, 바른 노력, 바른 생각,
바른 선정 등 중도실상이 그것이다.

이 몸이 땅과 물, 바람으로 이루어져
시시각각으로 변해가고 있으니
거기에 이끌리지 말고 집착하지 말라.

혹 어떤 사람이 꾸짖고 질책하고 분노하여
상처를 주더라도 눈에 보이는 것들,
귀에 들리는 것들, 코로 맡고 맛보고,
접촉하는 것들에 집착하지 말고 교란되지 말라.
삼보에 귀의하여 계를 잘 지키면
눈, 귀, 코, 혀, 몸이 안정을 되찾아 평온할 것이다.

29. 큰나무 심 비유경(Mahasaropama Sutta)
―출가자는 명예와 칭송에 이끌리지 말아야 한다―

부처님께서 데바닷따가 떠난 뒤 얼마 되지 않아
라자가하시 갓자꿋따산에 계시면서
수행승들에게 말씀하셨다.

"어떤 사람이 나무심을 구하기 위해 숲속에 들어갔
다면 나무 겉껍질이나 속껍질, 잎이나 가지, 열매를
가지고
나무심이라 취한다면 되겠느냐.

믿음으로써 집 있는 곳에서 집 없는 곳으로
출가한 사람이라면 생·노·병·사의 고통과
근심걱정에서 벗어나 아득한 칭송,
명예에 이끌리지 않아야 한다."

30. 작은 나무심 비유경(Culasaropama Sutta)
―출가자는 출가의 목적을 달성해야 한다―

어느 때 부처님께서 아나타삔디까 승원에 계시면서
바라문 삥갈라꽃자(황인종)의 질문을 받고
다음과 같이 대답하셨다.

"지금 세상에는 뿌라나 깟싸빠, 막칼리 꼬쌀라,
아지따 게싸깜바린, 빠꾸다 깟짜아니, 싼자야
벨랏티뿟따, 니간타 나따뿟따가 있어
모두가 깨달은 사람으로 알려져 있습니다.
진실로 이들이 깨달은 것입니까?"

그러나 부처님은 그들의 깨닫고
깨닫지 못한 것에 대하여 말씀하지 않고
앞의 큰 나무심에 대한 이야기를 가지고
"생·노·병·사를 없애고자 공부하는 사람이
세상의 명예, 물질, 욕락을 구하면 되겠느냐?"

하며 그것에서 벗어난 사람이 깨달은 사람이고
나무심을 찾지 못한 사람은 아직 깨닫지 못한 사람이다.

제4품 큰 한 쌍 품
(Mahayamaka-vagga)

31. 작은 고씽가 법문경(Culagosinga Sutta)
―참된 법려(法侶)들의 모습―

부처님께서 나디까 마을 긴자까바싸타 정사에 계셨을 때 존자 아누룻다, 난디야, 낌발이 고씽가쌀라숲 공원에 있었다.
부처님께서 정원에 들어가시려 하니 정원사가 말렸다.
"거기에는 자신을 귀하게 생각하는
가문의 제자들이 공부하고 있습니다."

아누룻다가 그것을 보고 쫓아가 말했다.
"우리들의 스승이신 세존께서 도착하셨다. 막지 말라."
그리고 존자 난디야가 있는 곳과
낌빌라가 있는 곳에 가서 알렸다.

"우리들의 스승이신 세존께서 오셨습니다. 영접합시다."

그래서 한 사람은 가사와 발우를 받고
한 사람은 좌복을 깔고
한 사람은 발 씻을 물을 길어 와
세존께서 자리에 앉으시자 곧 발을 씻겨드리고
인사드린 후 한 쪽에 앉았다.

그때 세존께서 아누룻다에게 물었다.
"그동안 평온하였는가?
음식물 구하는 데는 어려움이 없었는가?"
"예, 어려움이 없습니다. 화합하고 감사하고
서로 다투지 않기를 우유와 물처럼 지내고 있습니다."

"예, 사랑스런 눈빛으로 지내고 있었습니다.
이 같은 일이 참으로 저희들에게 이로우며
유익하다고 생각합니다.
여럿이 있을 때나 혼자 있을 때나
자애로운 신체활동과 언어, 생각을 가지고 있습니다.

피차가 자기 마음을 버리고 상대방을 따라주기 때문에
몸은 셋이지만 하나가 되어 살고 있습니다."
난디아와 낌빌라도 똑같이 말했다.

"위와 같이 저희들은 화합하고 감사하고 다투지 않고
우유와 물처럼 융합하며
서로 사랑하는 눈빛으로 살아가고 있습니다."
"훌륭하다, 도반들이여.
그대들은 틀림없이 방일하지 않고 정진하고 있었구나."

"예. 저희들은 아침에 일어나면 목욕하고
마을에 내려가 탁발하고 누구나 먼저 오는 사람이
자리를 마련하고 음료수와 세정수,
음식물통을 준비합니다.
나중에 돌아오는 사람은 남은 음식을 원하는 대로 먹고
원하지 않으면 풀이나 벌레가 없는 물에 던져
가라앉도록 합니다. 그리고 자리를 치우고
식당을 청소합니다. 음료수 단지나 세정수,
배설물 단지를 보는 대로 깨끗이 씻어 치웁니다.

만약 그것이 너무 무거우면 손짓으로 두 번 불러 맞잡고 말없이 치웁니다.
그리고 닷새마다 밤을 새며 법담을 나눕니다."
"그렇게 하면 그대들은 반드시 원하는 대로
감각적 욕망을 여의고 불건전한 상태를 떠나서
사유, 숙고를 갖추고 고귀한 님이 되어
지견이 터져 평온을 누릴 것이다."

"예, 스승님. 저희들은 지금 그렇게 하며
평온을 얻었습니다. 그 뿐만 아니라 무한의식의 세계,
아무 것도 없는 세계, 지각의 세계까지도
뛰어 넘었습니다."

"장하다, 도반들이여. 혹 그럴 때 하늘 사람이나
사람 아닌 야차, 데바(神), 락카싸(羅刹), 다나바(阿修羅), 낀나라(緊那羅), 마후라가(큰뱀, 제석천 같은 것들) 등이 나타나 시험하는 경우가 있는데 괜찮았느냐?"

그때 갑자기 세존 옆에 디가빠라자나라는 나찰이 나
타나 칭찬하였다.
"세존이시여, 밧지 사람들은 진실로 행복합니다.
이런 사람들이 이런 지역에 머물고 있다는 것이
이 땅을 복되게 하는 일입니다.
땅의 신, 4천왕, 33천, 염마천, 도리천, 자재천, 범천,
광과천 등 모든 하늘 사람들이
다 같이 칭찬하고 보호하고 있습니다."

"그렇다 디가여, 집 있는 사람이 집 없는 곳으로 출
가하면 마땅히 이렇게 살아야 하느니라."
부처님은 이렇게 수행자들을 가르치고 격려하고
북돋아 기쁘게 하시고는 자리에서 일어나 그곳을 떠
났다.

32. 큰 고씽가 법문경(Mahagosinga Sutta)
―세상을 빛낸 사람들―

고씽가쌀라 숲에 장로 싸리뿟따와 존자 목갈라나,
마하깟싸빠, 아누룻다, 레바따, 아난다 등
널리 알려진 여러 제자들이 모여 있었다.

그때 목갈라나가 저녁 무렵 명상에서 홀로 일어나
깟싸빠가 있는 곳으로 가서 말했다.
"존자여, 우리 장로 싸리뿟따가 있는 곳으로 가서
가르침을 받도록 합시다."

그때 아난다도 목갈라나와 함께 아누룻다가
싸리뿟따 있는 곳으로 찾아가는 것을 보고
레바따 등과 함께 갔다.

그때 싸리뿟따가 아난다에게 물었다.
"세상 어떤 사람이 고씽가숲을 빛낸 사람이 되는가.
밝은 달 아래 쌀라 꽃은 만개하고 하늘의 향기가
허공 끝까지 퍼져 나간다."

"벗이여, 이 세상에서 많이 배우고, 배운 것을 기억
하고 쌓아올린 훌륭한 수행승이 있습니다.
처음도 좋고, 중간, 끝도 훌륭한 내용을 갖추고
형식이 완성된 가르침을 설하고 지극히 원만하고
청정한 삶을 가르치는 올바른 견해를 가진 자가 있
습니다. 그가 이 고씽가숲을 빛낼 것입니다."

그때 레바따도 그렇게 말했다.
"그는 반드시 3독과 의혹, 자만, 무지에 관해
유창한 언어로써 가르쳐 줄 것입니다."

아나룻다, 깟싸빠, 목갈리나 등 모든 존자들도
다 같이 동의하였다. 그때 싸리뿟따가 말했다.
"벗들이여, 갑시다.
이것은 우리의 세존만이 행할 수 있는 일입니다."

하고 부처님 계신 곳으로 나아가
사실대로 이야기하니 세존께서 칭찬하였다.
"잘 왔도다, 훌륭한 친구들이여.

그대들을 보니 레바따는 홀로 명상을 즐기고
기뻐하고 안으로 멈춤을 이루어 깊은 선정으로 통찰하고, 깟싸빠는 언제나 숲속에서 누더기 옷을 입고 탁발하고,
싸리뿟따는 어떠한 어려움에도 대답하고
가르침에 피곤을 모르며,
목갈라나는 신통력을 얻어 세상의 마음을 잘 정복하되 자신은 정복되지 않는다.

그런데 나는 이러한 훌륭한 제자들 가운데서도
탁발에서 돌아와 결가부좌하고 몸을 곧게 세우고
앞으로 주의를 기울이고 집착을 버려
마음에 해탈을 얻을 때까지 결과부좌를 풀지 않는 사람이 고씽가숲을 빛낸 사람이라 하겠다."

33. 큰 소치는 사람 경(Mahagopalaka Sutta)
―소치는 사람과 수행자 5경―

부처님께서 아나타뻰디까 승원에 계실 때
소치는 목동에 관하여 말씀하셨다.
"소치는 사람은 열한 가지 조건을 잘 알아야 한다.
① 소의 무리와 숫자를 잘 알고
② 특징에 능숙해야 하며
③ 벌레 알을 제거하고
④ 상처를 치료할 줄 알아야 하고
⑤ 헛간을 소독하고
⑥ 소가 물을 마시는 곳을 알고
⑦ 마실 물이 어떤 물인지 알고
⑧ 길을 알고
⑨ 우유를 짤 줄 알고
⑩ 황소들의 선후배를 잘 알아야 한다.

마찬가지로 수행자들은 5경의 대외적인 물질을 알고,
그들의 특징(쾌락, 욕망, 분노, 폭력 등)에 능숙하고
사유의 번뇌를 제거하고 시·청·각의 상처를 치료

하고 그 동안 쌓은 지식을 헛간을 소독하고, 가르침의 진리와 계율, 희열의 물을 마시고 의복, 음식, 처소, 약품, 우유를 짜고 어른들을 공경하면 성장, 발전, 번영을 이룩할 수 있다."

34. 작은 소치는 사람 경(Culagopalaka Sutta)
  －세상을 안 지혜자－

부처님께서 밧지국 욱까쩰라에 있는
갠지스강 언덕에 계실 때 수행승들에게 말씀하셨다.

"마가다국 한 미련한 목동이 우기 마지막 달 가을에
양쪽 언덕도 살펴보지 않고 무조건 건너편(마가다국 쪽)
쑤비데하로 황소를 몰고 건너갔다가
중류의 소용돌이에 휩쓸려 죽음지경에 이르렀다.

그런데 양쪽을 다 살펴본 지혜있는 목동은
어린 송아지를 데리고 가는데도
한 마리도 물에 휩쓸림이 없이
잘 건넜다.

마찬가지로 수행자나 성직자들도
이 세계나 저 세계에 밝지 못하고 악마,
죽음의 세계에도 밝지 못하고 공부하면
아무리 오랜 세월 공부하더라도 이익될 것이 없다.

나는 분명 보고 알았으니 그대들은 나의 말을 들으라."
하고 다음과 같이 노래하였다.

이 세상과 저 세상에
악마와 죽음의 신에게 속하는 것이나
속하지 않는 것이나
세상을 아는 자가 모두 잘 밝혔노라.

모든 세상을 안 올바른 지혜자가
부사의 문을 열었으니
안온하게 열반을 성취하리라.

악마의 흐름은 끊어지고 부서졌다.
크게 환희하라 수행승들이여,
그대들은 반드시 안온을 이루리라.

35. 작은 쌋짜까경(Culasaccaka Sutta)

　―공도리를 잘못 안 쌋짜까―

부처님께서 베쌀리시 마하숲에 있는
꾸따가라 강당에 계실 때
니간타의 교도인 쌋짜까가 베쌀리시에 살았는데,
논쟁을 좋아하고 이론에 박학한 자며
성직자로서 존경을 받고 있었다.

그때 존자 삿짜지(최초 5비구 중 싸리뿟따의 스승)가
탁발하고 오다가 쌋짜까를 만났다.
"그대는 누구의 제자인가?"
"고따마 스님의 제자입니다."
"그는 무엇을 주로 가르치는가?"
"색·수·상·행·식은 무상하다 하여
모든 법에 내가 없다(無我)고 가르치십니다."

"이 세상에 내가 없다니….
내가 지금 여기 있지 않느냐.
그렇다면 내가 그와 토론하여 숫양의 머리채 말총을

끌어당기듯, 용소체(양조장에서 쓰는 술 거르는 체)를
물통에 넣어 흔들 듯, 늙은 코끼리가 연못에 들어가
허덕이듯 만들어 줄 것이니 나와 함께 토론하자.
반드시 그는 덜덜 떨고 전율하며 겨드랑이에서
땀을 흘릴 것이다."

500명의 릿차비들이 이 소식을 듣고 물었다.
"어떻게 논파하겠습니까?"
"토론으로 망신을 주겠노라."
그리하여 쌋짜까는 500명의 릿차비들에 둘러싸여
마하숲으로 가 인사를 드리고 빙 둘러 앉아
쌋짜까가 부처님께 물었다.

"존자시여, 고따마께서는 제자들에게
5온은 무상하고 자아가 없다 가르치십니까?
그렇다면 모든 것이 성장, 증가, 성숙하듯
이 세상 모든 것은 서로 의존하여 존재하며
선과 악을 형성하고 있는데……
세존께서는 어찌하여 내가 없다고 하십니까?

5온은 지금 이렇게 존재하여, 힘있는 왕은
힘없는 사람을 거느려 아자따싸뚜처럼
왕이 되지 않았습니까?"
"그렇다면 물질과 권력이 곧 '나'라는 말인가?"
"그렇습니다."
"그렇다면 저 앞의 산과 물을 이리 오라 불러보라.
그것이 내 몸과 같이 내 것이라면
즉시 올 수 있지 않겠는가."

쌋짜까는 그만 말이 없었다. 단칼에 목이 베어진 것이다.
"세존이시여, 자세히 생각해 보니
물질은 무상하고 수·상·행·식도 무상합니다.
무상한 것은 괴롭습니다."

"그렇다면 나는 여기서 그대의 자존심을 꺾고 싶지
않다. 그러니 그대는 베쌀리성의 릿차비들을
잘 거느리고 있다가 다음 생에 아무도 모르는 곳에
가서 불법을 펴도록 하라."
과연 그는 죽을 때까지 베쌀리성에서 성자노릇을 하였다.

36. 큰 싸짜까경(Mahasaccka Sutta)

―망신을 주지 않는 부처님―

그때 세존께서 아침 일찍 옷을 입고
발우와 가사를 가지고 베쌀리시로 탁발하러 들어가니
마침 쌋짜까가 산책하러 나왔다가 마하숲까지
부처님을 따라왔다.

"부처님, 몸을 닦는 수행에 열중하나
마음을 닦는 수행이 되지 않아 몸의 괴로움 속에서
다리의 마비가 와 심장이 찢어지는 것 같고
입으로 뜨거운 피를 토하며 광기가 생긴다면
몸이 마음을 지배하게 될 텐데
왜 당신의 제자들은 몸을 닦지 않습니까?"

"그대는 몸을 닦는 수행을 배운 일이 있는가?"
"아닙니다. 그러나 난다 빗차, 까싸 싼낏차,
막칼리 꼬쌀라 같은 이들이 있습니다.
그들은 벌거벗고, 편의를 거부하고, 손가락을 빨고,
초대나 환대를 거부하고, 옹기에서 떠 주는 것을 거

절하고, 문지방을 넘어가지 않고, 공이를 찧고,
지팡이를 가로 질러 주는 것을 받지 않습니다.

어떤 사람은 하루에 한 번,
이틀 사흘에 한 번,
닷새 칠일에 한 번,
보름에 한 번씩 밥을 먹기도 합니다."
"그러면 그들은 그것만 먹는가?"
"아닙니다. 때로 특별한 음식을 씹고 음료를 맛봅니다."

"그것은 처음은 버리고 나중에 모으는 식이구나.
그러면 그대가 닦는 마음의 수행은 무엇인가?"
"저는 몸의 수행을 중심으로 닦았기 때문에
마음 수행에 대해서는 잘 모릅니다."

"세상에는 몸을 닦는 수행, 마음을 닦는 수행이 있고,
몸도 마음도 닦을 줄 모르는 수행이 있다.
무식한 사람이 음식을 보고, 소리를 듣고,
색을 보고 거기서 즐거움이 생기면 거기 애착하여

그것이 무너질 때 슬퍼하고, 우울하고 비탄하여
통곡하면 이는 몸과 마음을 닦는 사람이 아니고
설사 향기로운 냄새를 맡고 부드러운 것을 접촉하더라도
거기 집착하지 않고 쌍방으로 몸과 마음을 자유스럽게
조절할 수 있는 자는 몸과 마음을 닦는 사람이다."

"그렇습니다, 세존이시여. 그런데 저는 그 동안
외상(外相)에 팔려 이상한 짓을 하는 것만이
보통 사람들이 할 수 없는 수행이라 생각하고
이 몸을 괴롭히고 마음을 괴롭혀 왔습니다."

"악기베싸나여, 나도 처음에는 그렇게 생각하였다.
그런데 오랜 세월 집을 나와 이 몸을 괴롭히다 보니
마음을 고쳐야 몸도 달라질 수 있지,
몸만 괴롭힌다고 되는 것이 아니라는 것을 깨달았다.

그리고 마음공부도 여러 가지를 해 보았지만
결국 자기만을 위하는 데서 대자대비가 나올 수 없

었다.
그래서 나는 일곱 살에 아버지와 함께
춘경제(春耕祭)에 나아가 날새들이 몸 잘린 벌레들을
쪼아 먹는 광경을 보고 어여삐 여겨 내가 장차
저들을 구해 보호해 주어야 하겠구나 하는 생각을 가져
맨발로 천하를 주유하며 진리를 전하게 된 것이다."

"참으로 거룩하십니다.
저는 그동안 논쟁을 통해 상대방을 거꾸러뜨리고
저 홀로 일어나 대중 앞에서 환희한 것만으로
양식을 삼고 살아왔습니다.
뿌라나 깟싸빠, 말칼리 고쌀라, 아지따 께싸깜발린,
빠꾸다 깟짜야나, 싼자야 벨랏티뿟따와 논쟁할 때도
마찬가지고 니간타 나따뿟따와 논쟁할 때도
마찬가지였습니다.

나는 그들에게 이기면 환희하는 군중 속에서
꽃다발을 들고 시가행진을 했습니다.
대부분의 논쟁자들은 논쟁 속에서 얼버무리고

회피하고 분노, 증오, 불만을 품어
그 모습이 말이 아니었습니다.

그러면 그럴수록 나는 쾌재를 부르며 논박에 논박을
거듭하며 그들을 망신 주고 업신여겼습니다.
오늘은 아무도 없는 곳에서 존자 고따마와
제가 둘이서 이런 이야기를 했으니 다행이지
정말로 망신당할 뻔했습니다."

"그대는 금생에는 어찌 할 수 없는 사람이다.
베쌀리 사람의 존경과 귀의를 받다가
내생에는 아무도 없는 스리랑카에
가서 태어나 변방 사람들을 제도하라."

그래서 그는 그 다음 생에 스리랑카에서 태어나
불교의 중흥 조사가 되었다.

37. 목마른 사랑을 부순 작은 경
(Culatanha-sankhaya Sutta)

―제석천왕 청법―

부처님께서 싸밧티 뿝바라마 승원에 계실 때
제석천왕이 와서 물었다.
"어떻게 하면 목마른 사랑을 부숴 해탈할 수 있으며
궁극적인 목표에 도달하며 평화, 청정, 완성을 얻고
모든 신들 가운데 으뜸가는 신이 될 수 있습니까?"

"이 세상 모든 것은 집착할 만한 것이
없다는 것을 깨달아야 합니다.
그러면 모든 것에 대한 바른 앎이 생겨
즐거우나 즐겁고 괴로운 것에 대한 느낌을
갖지 않게 될 것입니다."

제석천왕은 만족한 마음으로 세존께 감사하고
세 바퀴 돌고 떠났다.
그때 아난다와 목갈라나가 의심하였다.
"저 자가 정말 부처님 말씀을 듣고

깨달음을 얻어 환희한 것일까?"

목갈라나는 힘센 사람이 팔을 한 번 굽혔다 펴는 사이
제석천에 이르러 5백의 천인(天人)들에게
에워싸여 있다가 환영하였다.
"어서 오십시오, 목갈라나님."

"꼬시야여, 저는 그대께서 세존의 법문을 듣고 기뻐
하고
떠나는 것을 보고 소감을 듣고자 이곳에 왔습니다.
저는 옛날 아수라와 싸우고 이겨 벳싸바나(多聞天王)
베자얀딴 궁전을 지었습니다.
그 궁전에는 백 개의 첨탑이 있는데
매 첨탑마다 7백개의 누각이 있고
하나하나의 누각에는 일곱 선녀가 있고
그들 선녀에게는 일곱 명의 하녀가 딸려 있습니다."
"훌륭한 공덕의 과보입니다."

그런데 마하 목갈라나가 발을 옮겨 디딜 때마다

그 아름다운 궁전이 흔들려 천신들이 모두 놀라워하
였다.
그때 제석천이 천신들에게 말하였다.
"천신들이여 놀라지 말라.
나는 부처님께 법문을 듣고 이 세상 아무리
아름다운 것이라도 시간 속에 없어지지 아니하는 것이
없으니 애착하지 말라 들었다.

나는 그 법문을 듣고 목마른 사랑을 쳐부수었으며
마음에 안정을 얻었다."
목갈라나는 제석천이 부처님의 말씀을 제대로
인식하고 있는 것을 알고 장차 내려와 아난다에게 말
했다.
"신들의 왕 제석천은 진실로
목마른 사람의 애착을 쳐부수었다."

38. 목마른 사랑을 부순 큰 강
   (Mahatanha sankhaya Sutta)

―의식의 윤회에 대하여―

부처님께서 아나타삔디까 승원에 계실 때
어부의 아들 싸띠라가 의식(意識)의 윤회를 믿고
그것이 곧 부처님의 가르침이다 생각하고 있었다.

그래서 수행승들이 물었다.
"싸띠라여, 그대는 의식의 윤회를 믿는가?"
"그렇습니다.
그것이 곧 부처님의 가르침으로 알고 있습니다."
"싸띠라여, 그것은 악견이다.
왜냐하면 의식도 여러 가지 조건 속에
존재하는 것이기 때문이다."

그래서 수행승들은 먼저 부처님께 이 소식을 아뢰고
다음에 싸띠라를 데리고 부처님께 나아갔다.
세존께서 물었다.
"어떠한 것이 의식인가?"

"말하고 느끼고 선악 행을 하는 것입니다."

"그렇다면 싸띠라여, 그 의식이란 시·청·각 교육을 조건으로 하여 생겨난 것이다.
마치 불이 연료의 이름 따라 나타나듯이
본래 장작불, 모닥불, 섶불, 쇠똥불이 없는 것이다."

싸띠라는 그 자리에서 악견을 깨닫고
다시는 잘못된 말을 하지 않게 되었다.

39. 큰 앗싸뿌라 설법경(Maha-Assapura Sutta)

―참된 수행자와 성직자―

부처님께서 앙가국 앗싸뿌라앙가족 마을에 계실 때
수행승들에게 말씀하셨다.

"수행자들이여, 수행승들을 수행자로 만들고
성직자로 만드는 것이 무엇인가.
부끄러움과 창피스러움을 갖추는 것이다.

어쩌다가 신체적 행위 때문에 자신을 칭찬하고
남을 비방하지 않는 것이 수행승이
마땅히 해야 할 일이다.

수행자는 시·청·각 모든 면에 있어서
집착하고 연상하고 탐욕, 근심, 악하면 안 된다.
철저히 정제하고 자기 능력을 따라
수호할 줄 알아야 한다.

절도 있게 공양하고 옷 입고 말하고 생각하며

진짜 수행자의 삶에 도달하여 부끄러움과
창피가 없게 해야 한다.

하물며 거기 혼침과 해태, 회한, 흥분, 의혹,
의심이 있어서야 되겠는가.
빚진 사람이 빚을 갚고 병든 사람이 병을 치료하고
감옥에 갇혔던 사람이 풀려나 자립하여
넉넉한 삶을 살면서도 아무런 장애가 없어야 한다.

감각적 쾌락을 버리고 지혜를 성장하여
어떠한 경지에도 오염 되어서는 아니 된다.
깊은 사유와 숙고로 희열, 만족,
지복에 이르러야 한다.

그래서 초선, 2선, 3선, 4선 마음을 통일하여
6신통을 얻어, 가거나 오거나 대자유를 누려야 한다.
마치 때 있는 사람이 목욕탕에 가 때를 제거하듯
지혜로운 사람이 되어 선악에 이끌리지 말아야 한다.

이렇게 수행하는 자는 누구나 현명해지고
고귀해져 거룩한 자가 될 수 있다."

40. 작은 앗싸뿌라 설법경(Culaassapura Sutta)
　－올바른 수행자－

그때 부처님께서 앗싸뿌라 앙가족 마을에 계시면서
수행승들에게 말했다.

"수행자가 올바른 수행자가 되려면
탐욕과 악의 새김, 원한, 저주, 격분, 질투, 인색,
거짓, 기만, 사악, 사견을 버리고
더러움, 타락, 잘못, 악처에 떨어지지 말아야 한다.

가사를 입고 나체, 진흙 수행자, 목욕한다고 해서
모두가 수행자가 되는 것은 아니다.
나무 아래서 좌선하고 노지에서 서있고,
식사를 거르고 진언을 외우고
머리에 상투를 튼 자라고 해서 수행자가 아니다.

악하고 불건전한 상태에서 자신을 정화하여
악에 물들지 않는 사람이 수행자이고
역량껏 수행하여 항상 환희와 희열 속에

상쾌한 생활을 하는 사람이 진짜 수행자이다.

자·비·희·사의 마음이 동·서·남·북에 꽉 차
마치 깨끗하고 시원한 물이 추위와 더위를 식혀주고
피곤하고 목마른 증세를 없애 줄 수 있는 사람이
수행자이다.
아무쪼록 사랑과 연민, 기쁨과 평정 속에서
평화를 얻으라."

제5품 작은 한 쌍 품
(Culayamaka-vegga)

41. 쌀라마을 장자경(Salyyaka Sutta)
　ㅡ인과윤회의 원리ㅡ

부처님께서 꼬쌀라국에 유행하시면서
많은 수행승들과 함께 쌀라 바라문 마을에 도착하자
바라문 장자들이 물었다.

"세존이시여, 어떠한 원인, 조건 때문에 몸이 파괴되고,
죽은 뒤 괴로운 곳, 나쁜 곳, 타락한 곳, 지옥,
천당에 태어납니까?"

"가르침이 아니고 바른 길이 아닌 것을
실천한 것을 원인으로 죽은 뒤에 그런 곳에 태어난다.
몸으로 살아 있는 생명을 죽여 자비심이 없고,

주지 않는 것을 빼앗고, 사랑을 잘못하고,
입으로 거짓말을 하고, 이간질 하고, 꾸미는 말 하고,
악담설욕 하고, 뜻으로 탐내고 성내고
어리석은 행동을 한 사람들이 악도에 떨어지고,
반대로 선업을 지은 사람들은 선도에 태어난다.

악도에 태어나는 자는 누가 끌지 않아도 저절로 가고,
선도에 태어나는 사람은 착한 일을 한 사람이 중심
이지만
계를 잘 지킨 사람은 인도에 환생하고,
선을 행한 사람은 각기 원을 따라
그가 지은 공덕에 알맞은
욕계 · 색계 · 무색계에 태어난다."

"세존이시여,
당신은 실로 눈 감은 자에게 눈을 뜨게 하고
넘어진 자를 일으켜 주고 어두운 곳에
등불을 밝혀주신 것과 같습니다.
오늘부터 목숨을 바쳐 귀의하겠습니다."

42. 베란자시의 장자경(Veranjaka Sutta)

―생사윤회에 관한 교육―

부처님께서 아나타삔디까 승원에 계실 때
베란자시 바라문 장자들이 싸밧티시에
머물고 있으면서 부처님께 물었다.

"어떠한 조건으로 사람들이 죽은 뒤
선도와 악도에 태어납니까?"

"가르침 아닌 것을 따르고
바른 길이 아닌 것을 실천하면
악도에 빠지고

계를 잘 지키고 착한 일을 한 사람은
선도에 태어납니다."

43. 큰 교리문답경(Mahavedalla Sutta)
－생사윤회와 생사를 초월하는 방법－

부처님께서 아나타삔디까 승원에 계실 때
논의 제일 마하꼿티따가 사리뿟따에게
여러 가지를 물었다.

"어떤 것이 지혜가 없는 것입니까?"
"고·집·멸·도 4성제의 도리를
분명히 알지 못하는 것이 지혜가 없는 것입니다.
그러니까 지혜가 있다는 것은 5온의 고락성쇠를
올바른 견해에 의하여 판단하는 것입니다."

"이 세상의 모든 존재는 대략 몇 가지나 됩니까?"
"욕망의 세계, 색상의 세계, 순수정신의 세계,
세 가지가 있습니다."

"다음 세상에 다시 태어나지 아니하려면
어떻게 해야 합니까?"
"무명을 벗겨내고 갈애가 없어져야 합니다."

"선정은 어떻게 닦습니까?"
"감각적 쾌락을 버리고 악하고
불건전한 상태(혼침, 해태, 흥분, 회한, 의심 등)을 버리고
사유와 숙고를 갖춰 멀리 떠나 희열로 가득차면
선(禪)에 이르러 순순한 정신적 삶을 하게 됩니다.

빛은 불꽃을 조건으로 알려지고
불꽃은 빛에 의해 알려지듯
세상의 생명은 자신의 행을 조건으로 만들어집니다.
그러므로 수행승은 자·비·희·사로
세상을 꽉 채워야 합니다."

"그러면 무색계에 태어날 때는 어떻게 됩니까?"
"먼저 자아나 자아에 속한 것들이 비었다고 성찰하고,
허공처럼 빈 것을 성찰하면 공무변처,
생각도 비었다고 생각하면 식무변처,
생각과 생각 없는 세계를 마음대로 왔다 갔다 하면
비상비비상처를 자유로 왕래할 수 있습니다."

"그러면 거기서 완전히 벗어나려면 어떻게 해야 합니까?"

"그런 것들에 얽매이지 않아야 하고 그러한 것들에 이끌리지 않는 평온을 얻어야 합니다."

44. 작은 교리문답경(Culavedalla Sutta)

―비구니 담마딘나의 불교철학―

부처님께서 라자가하 벨루숲 깔란다까니바빠에 계실 때
재가신도 비싸카가 수행녀 담마딘나에게 물었다.

"개체라고 하는데 무엇이 개체입니까?"
"다섯 가지 다발, 즉 물질(色), 느낌(受), 지각(想), 형성(行), 의식(識)의 다발을 말합니다."

"개체발생의 원인은 무엇입니까?"
"태어나고자 하는 환희와 탐욕과 향락을 추구하는 목마른 사랑, 감각적 쾌락, 존재에 대한 갈애, 비존재에 대한 갈애, 올바른 사유입니다."

"삼매는요?"
"정신통일이 삼매인데, 네 가지 토대와 노력이 도구가 되고 이것을 가르치고 공부하며 복습하면 삼매 수행이 됩니다."

"형성에는 몇 가지가 있습니까?"
"들이쉬고 내쉬는 형성과
사유하고 숙고하는 언어적 형성,
지각하고 느끼는 정신적 형성 세 가지가 있습니다.
숨쉰 뒤에 사유하고 숙고하고 지각하고
느끼기 때문입니다.

그러나 나는 지각과 느낌을 성취했다는 생각이 없습니다.
한편 그것이 소멸할 때는 언어적 형성이 먼저 소멸하고
신체적 형성과 정신적 형성이 뒤를 따릅니다.
그러므로 처음 공부하는 수행자들은 언어 먼저 다스리고
다음에 행동과 정신을 소멸해야 합니다.

지각과 느낌을 소멸한 수행자는 즐겁고 괴롭고
즐겁지도 않고 괴롭지도 않아 불쾌가 없습니다.
어찌 거기 탐욕과 성냄 어리석음이 있겠습니까.

그러므로 무명이 멸하면 행이 멸하고
행이 멸하면 식이 멸해 순서적으로
명색, 6입, 촉, 수, 애, 취, 유가 멸하고
생로병사가 없어진다 한 것입니다."

그 뒤 담마딘나가 세존께 가서 확인하고
열반의 경지에까지 이르러 가게 되었다.

45. 작은 삶의 수용경
   (Culadhammasamadana Sutta)
 －고통의 세계와 즐거움의 세계－

부처님께서 아나타삔디까 승원에 계실 때
수행승들에게 말씀하셨다.

"세상에는 네 가지 삶이 있다.
① 현재는 즐겁지만 미래에는 괴로운 삶
② 현재에도 괴롭고 미래에도 괴로운 삶
③ 현재에는 괴롭지만 미래에는 즐거운 삶
④ 현재에도 즐겁고 미래에도 즐거운 삶

감각적 쾌락으로 현재를 사는 사람은 미래에는 괴롭다.
마치 말라비 넝쿨이 쌀라나무를 감아 말라 죽게 하듯이.
또 벌거벗은 수행자처럼 모든 편의를 거부하고
자신의 몸을 괴롭혀 복을 짓지 않으면
그는 이 세상에서나 저 세상에서나 고생을 면치 못한다.

현재에는 괴롭지만 미래에 가서 즐겁게 살려면
현재의 고난을 잘 참고 이겨내야 한다.
본래 태어나면서 부터 10사 번뇌를
많이 타고났기 때문이다.
탁발하지 않고 그 복을 잘 지키는 사람은
미래에도 즐겁게 살 수 있다."

46. 큰 삶의 수용경
   (Mahadhammasamadana Sutta)

—선악인과—

부처님께서 아나따삔디까에 계실 때
수행승들에게 말씀하셨다.

"모든 삶은 이와 같이 욕망과 욕구 속에서 의도된다.
원하지 않고 사랑스럽지 못한 것, 좋아하지 않는
것들이 모여 쇠퇴하게 한다."

"저희들의 법은 세존을 의지처로 하고
스승으로 합니다."
"그렇다면 배우지 못한 사람은
고귀한 사람을 의지하여
배우고 알지 못한 것을 알아야 할 것이다.
길들여야 할 것과 길들이지 않아야 할 것도 모르고,
준수해야 할 것을 모르는 까닭에 사랑해야 할 것과
사랑해서는 안될 것을 사랑하여 쇠퇴하게 되는 것이다.

내가 앞에서 말한 네 가지 인생을 잘 살펴
어떻게 살아야 할 것인가를 본인들이 알아서
결정하여야 한다.
10선행을 할 것인지 10악행을 할 것인지!
마치 호박이나 청동 그릇에 담긴 독약처럼
보기는 좋지만 잘못 마시면 죽는 것처럼
불행을 저지르면 아니 된다.
우유, 꿀, 버터도 마찬가지다."

47. 관찰자경(Vimamsaka Sutta)

―수행승이 관찰해야 할 것―

부처님께서 아나타삔디까 승원에 계실 때
수행승들에게 말씀하셨다.

"관찰하는 수행승은 다른 사람의 마음을
평가할 줄 알아야 한다.
즉 눈과 귀를 통하여
오염된 상태가 어느 정도인지 알아야 한다.

명성을 얻었으면서 탐욕을 떠난 사람,
감각적 쾌락에 대한 욕망에 빠지지 않는 사람을
볼 줄 알아 가까이 모시면 두려움이 없게 될 것이다.
그러한 눈과 귀가 열린 사람,
그 사람이 최상의 지혜인이다.

수행자는 누구나 이 같은 말, 글에 귀를 기울여
여래의 밭에 심어지고 뿌리를 내려
싹을 틔워 자라게 해야 한다."

48. 꼬삼비 설법경(Kosambiya Sutta)
―성인의 경지에 이르는 방법―

부처님께서 꼬쌈비(갠지스와 야무나 강이 만나는 곳, 현 카시) 고씨따라마 승원에 계실 때 수행승들이 다투고 싸우고 논쟁하여 입에 칼을 물고 찔렀다.

그래서 부처님께서 그들을 불러 일렀다.
"그대들은 홀로 있을 때나 여럿이 있을 때나
사랑스런 말과 행, 마음을 가지고 있는가?"
"그렇지 못합니다.
신체적으로나 언어적으로나
정신적으로 그렇지 못합니다."

"법답게 얻은 것은 똑같이 나누고 화합으로
이끌어야 하는데 누구나 섞여 결점을 보이고
오염되어 방해가 된다면
삼매에 도움이 되지 않는다.

해탈로 나아가는 수행승은 쾌락, 분노, 해태와 혼침,

흥분과 이 세상이나 저 세상의 회한, 의심, 탐익에
묶여 있으면 해탈할 수 없다.

그러니 적정을 성취하고 아견이 없어야 하고
성품을 도에 가깝게 써 범한 것이 있으면
솔직히 고백하고 참회해야 한다.

만약 그 같은 견해에 도달하지 못했으면
그들과 함께 하기를 근심해야 한다.
마치 송아지가 어미 소를 따라 큰 소가 되듯
큰소는 송아지를 보호하여
보다 높은 경지, 계율을 행해 나아가야 한다.

그래서 그들이 얻은 힘을 얻고
기쁨에 넘치는 생활을 하게 된다.
그렇게 생활하면 그는 반드시
성인의 경지에 들어갈 것이다."

49. 하느님의 초대경
(Brahmanimantanika Sutta)

―잘못된 견해에 빠진 사람들―

부처님께서
아나타삔디까 승원에 계실 때 말씀하셨다.

"내가 욱까타시 쑤바가숲
커다란 쌀라나무 아래 있을 때
하느님이 바까에게
'이것은 항상하고 견고하고 영원하며
홀로 완전 불멸한 것이다.
나지도 않고 늙고 죽고 사라지지 않고
윤회하지 않으니
따라서 더 이상 해탈은 없다'는 생각이 났을 때
나는 곧 바까의 마음을 알고 순간 그 세계에 나타났다."

바까는 멀리서 내가 오는 것을 보고 말했다.
'여기까지 오시는데 얼마나 많은 세월이 걸렸습니까.
나는 항상하고 견고하여 더 이상 해탈은 없습니다.'

'그대는 참으로 무명에 빠져있구나.
항상하고 해탈하지 못한 것을
항상하고 해탈했다 말하고 있으니 말이다.'

'그런 불신은 그만두시오. 하느님은 진실로
위대한 자입니다. 불신하면 가만 놓아두지 않습니다.'
하고 악마 빠삐만에게 말했다.
'나 이외의 모든 권한은 그대에게 있지 않는가?'

하느님 바까가 말했다.
'존자여, 나는 항상한 것을 항상하다 말하고
견고한 것, 영원한 것, 홀로 완전한 것,
불생인 것과 윤회하지 않는 것이 있기 때문에
나는 생겨나지 않고 죽지 않고
사라져 윤회하지 않는다 말한다.

따라서 더 이상 해탈도 없다.
예전에 그 고행이 목숨만큼 길었던
수행자 성직자들도 있었다.

그들은 다른 훌륭한 해탈이 없다고 알고 있으니
더 이상 피곤하고 곤혹스러운 것이 주어질지라도
더 이상 훌륭한 해탈은 없다.

만약 그대가 향, 물, 불, 바람, 신 창조주,
하느님에 집착한다면 그대는 나의 영역 안에
가두어져 나의 처벌을 받을 것이다.'
'나도 그것을 안다. 만약 처벌하고 싶으면
마음대로 해 보라. 나는 당신의 능력을 알고 있다.'
하고 다음과 같은 노래를 불렀다.

달과 태양이 사방으로 빛나고 비추며 도는
1천 세계에 그 위력이 미칠 것이다.
그대는 높고 낮고, 욕망의 유무를 따라
뭇 삶을 알고 있다.

빛으로 충만한 하느님의 세계
영광으로 충만한 신들의 세계
탁월한 과보가 충만한 하늘의 세계

그 밖을 알지 못하지만 나는 알고 있다.
땅과 물, 불과 바람, 존재와 비존재
신들과 창조주, 하느님과 하느님의 세계
나는 곧바로 알고 성취했다.

거기에는 특징도 없고
한계가 없고
다만 빛나는 의식이 있을 뿐이다.

모든 존재에서 나는 두려움을 보고
없는 것을 추구하려는 존재에 대해서
나는 그 존재를 긍정하지 않고
어떤 환희에도 집착하지 않는다.

그때 악마 빠삐만이 그들 권속들과 함께 말했다.
'존자여, 그대가 만약 이와 같이 깨닫고 안다면
제자들을 지도하고 설법하지 마십시오.
옛날에도 그 같은 분이 있었으나 모두 파괴되고
말았으니 다른 사람들을 그르치려 하지 마십시오.'

'그대는 악마 빠삐만이다. 나를 알지 못한다고 생각하지 말라. 그대는 오히려 나의 손해를 도모하려고 그와 같이 말하는구나.'
수행자들이여, 저 하느님과 악마 빠삐만은 나를 이렇게 유혹하고 설득하였다."

50. 악마 질책경(Maraatajjaniya Sutta)
―길거리에서 만난 목갈라나와 악마 빠삐만―

어느 때 존자 목갈라나가 바라나국 쑹쑤사라기리
베싸깔라 숲 미가라야에 있었다.
목갈라나가 노지에서 산책하고 있는데
그때 악마 빠삐만이 그의 배에 들어갔다.
목갈라나는 생각했다.

"왜 내 배가 이렇게 무거운가. 콩이 가득 든 것 같구나."
하고 돌아와 자세히 관찰하니
악마 빠삐만이 배에 들어가 있는 것을 보았다.

"빠삐만이여, 나오너라.
여래를 괴롭히지 말고 여래의 제자들을 괴롭히지 말라.
오랜 세월 불이익이 있고 고통을 받게 되리라.
그대는 지금 내가 모른다고 생각하는데
나는 그대 생각까지 다 알고 있다. 빨리 나오너라."

그러자 그는 곧 바로 목갈라나 입으로 튀어나와

문지방에 섰자 이에 목갈라나가 말했다.
"나는 옛날 두신이라는 악마였다.
나에게는 깔리라 불리는 누이가 있었다.
그대는 그녀의 아들이므로 너는 나의 조카이다.

그때 까꾸싼다 부처님에게 비두라와 싼지바라 부르는
한 쌍의 제자가 있었는데 싼지바는 숲속으로 들어가
지각과 느낌을 소멸하고 앉아 있었다.
소치는 사람, 축산하고 밭 가는 사람,
여행하는 사람들이 보고 죽은 줄 알고

소똥에 불을 놓아 태워버렸다.
그런데 그날 밤 싼지바는 삼매에서 일어나
탁발을 가니 사람들이 어젯밤 화장했던 사람이
귀신이 되어 나타났다고 싼지바(살아남은 자)라 하여
그 이름이 생겼다.

그 뒤 두신은 계행있는 수행승들을 매도하고 분노하며
괴롭혔으나 수행승들은 자·비·희·사를 온 세계에

가득하게 하여 원한없는 세계를 만들었느니라.
그 인연으로 나는 지금도 내 머리가 물고기 머리와
같이 되어있다."
하고 다음과 같이 노래하였다.

제자 비두라가 성자 가꾸 싼다를 괴롭혀
두신이 떨어진 지옥은
백개의 쇠못을 박는 지옥이 되었다.
바다 가운데 겁을 지난 천궁이 있어
사파이어처럼 찬란하고 빛나는
리듬 속에 춤추는 요정들이 있었다.
깨달은 님의 제자 수행승들은
그것을 잘 알고 있으니
괴롭히면 그대는 괴로움을 받게 된다.

이상으로 제1 근본 50편을 마치고
다음부터는 제2 중간 50편으로 들어간다.

중간 50편

제1품 장자품
(Gahapati-vagga)

51. 깐다라까경(Kandaraka Sutta)
―유행자 깐다라까와 슬기로운 수행자―

부처님께서 깜바시 각가라 연못가에 계실 때
코끼리 조련사 아들 뺏싸와 유행자 깐다라까가
부처님을 뵙고 한쪽에 물러서서 말했다.

"부처님께서 이들 대중을 뛰어나게 교육하듯
과거에도 그러하였으니 미래에도 그렇게 하시겠지요?"
"깐다라까여, 이들 가운데는 번뇌를 부수고
청정한 삶을 성취하고 해야 할 일을 마치고
짐을 내려놓고 이상을 실현하고 존재의 결박을 끊고
올바른 궁극의 앎으로 해탈한 거룩한 자들이 있다.

또 학습으로 계행을 향상 시키고 일관되게 행동하며
현자로서 슬기롭게 행동하는 이들이 있다.
네 가지 토대 위에 마음을 정립하였기 때문이다.

네 가지란
① 열심히 노력하여 올바로 알아차리고 새김을 확립
하여 세상의 탐욕과 근심을 제거 몸에 대해 관찰
하는 것이고
② 느낌에 대해서도 그렇게 하고
③ 마음에 대해서도
④ 사실에 대해서도 그렇게 관찰하는 것이다."

그때 뺏싸가 말했다.
"참으로 놀라운 일입니다.
세존께서는 뭇 삶의 청정을 위하고
슬픔과 비탄을 뛰어넘어 고통과 근심을
사라지게 하고 참다운 길로 나아가고
열반을 깨닫게 하기 위해서
그렇게 하시는 것 같은데

저희 재가자들도 그렇게 하고 있습니다.

실로 인간의 삶이란 투명치 못한 욕망,
번뇌의 정글 속에서 헤매고 있습니다.
어쩌면 동물들이 더 단순한 생활을 하고 있는지
알 수 없습니다."

"뱃싸여,
① 어떤 사람은 스스로를 괴롭히는 수행을 하고
② 다른 사람까지도 괴롭히고
③ 나와 남을 괴롭히는 자도 있고
④ 나와 남을 괴롭히지 않는 자도 있다.

나와 남을 괴롭히지 않는 사람은
탐욕도 없고 열반에 들어 청량한 행복을
경험하고 살기 때문이다.

그대는 이 네 사람 가운데 어떤 사람이 맘에 드는가?"
"네 번째 사람이 마음에 듭니다.

네 번째 사람은 탐욕이없고 청량한 행복을 경험하고
거룩한 존재로 지내기 때문입니다."
코끼리 조련사 뺏싸는 매우 만족한 마음으로 떠났다.
그때 부처님께서 뺏싸를 칭찬하며 아쉬워하였다.

"그자는 진실로 위대한 지혜를 가진 자다."
첫째 벌거벗고 편이를 거부하는 고행자는
스스로 괴롭히는 자이고
둘째, 잔인한 도살자는 남을 괴롭히는 자이며
셋째, 제사를 위하여 송아지, 염소들의
젖을 짜 먹고 마시며
그들을 하늘의 제물로 바치면 하인들은 눈물을 흘리며
벌벌 떨면서 제사를 준비한다.
이것이 남을 괴롭히는 자이다.

넷째, 세계의 인생을 똑바로 알고
어디서 무엇을 하려 왔는가를 알며
청정한 종족에 태어나 바른 교육을 받고
여래에 대한 믿음을 내

4선·8정을 닦아 열반을 증득한 자,
이 사람이 나와 남을 행복하게 하는 자이다.

그는 보고 듣고 깨닫고 아는 가운데서도
정신적인 지각을 올바로 알고 계율을 지키고
탐욕과 혼침, 회한, 의심을 떠난 자이니
감각적 쾌락과 사유의 숙고, 새김의 확립,
희노(喜怒)를 뛰어 넘었기 때문이다.

이것이 자타를 괴롭히지 않고
남과 나를 해탈의 길로 이끌어가는 사람이다.
뺏싸가 여기까지 듣고 갔더라면 더 좋았을 텐데
그렇지 못했기 때문에 아쉽구나."

52. 아타까나가라경(Atthakanagara Sutta)

―다싸마 장자와 아난다―

부처님께서 베쌀리 벨루바가미까에 계실 때
앗타까나가라시에 사는 장자 다싸마가
볼 일이 있어 빠딸리뿟따시에 왔다가
삿타카나가라시에 사는 다싸마와 함께
꾸꾸 따라마 승원의 어떤 수행승을 찾아와 물었다.

"존자여, 아난다는 어느 곳에 계십니까? 뵙고 싶습니다."
"베쌀리시에 있습니다."
그래서 다싸마 장자는 빠딸리뿟따시에서
그가 해야 할 일을 마치고 베쌀리시 벨루바가마까
마을에 있는 아난다를 찾아 뵙고 물었다.

"존자 아난다시여,
당신은 부처님의 가르침에 의하여 방일하지 않고
정진 해탈한 수행자가 있는 것을 아십니까?"
"모든 번뇌를 소멸하고
위없는 안온을 얻은 원리가 있습니다.

감각적 쾌락과 악의 행함을 여의고
불건전한 상태를 떠나서 사유를 숙고,
근원을 얻고 삼매를 형성한 제2선자도 있으며,

새김을 확립, 평정을 얻은 제3선자도 있고,
괴로움과 즐거움을 버리고 만족한 물질세계를 떠나서
공(空), 식(識), 무소유를 실천
비상비비상처(非想非非想處)에 이른 자도 있습니다."

"감사합니다. 하나의 보물을 찾다가
열한 개의 보물을 얻은 것처럼
하나의 입구 밖에 없는 집에 불이 났을 때
갑자기 열 개의 문이 열려 한 사람도
불에 타 죽는 사람이 없게 된 것 같습니다."

하고 베쌀리시에 있는 모든 스님들을 초대하여
손수 만든 음식으로 공양하고
옷과 발우를 공양한 뒤
아난다를 위해서 5백의 가치있는 승방을 건립하였다.

53. 학인경(Sekha Sutta)
  ─공회당 개원식과 아난다의 법문─

부처님께서 까삘라국 니그로다 승원에 계실 때
싸끼야족이 회당을 건립하여 개당식을 갖기 직전
모든 석가족의 행복을 위하여
부처님께서 먼저 입장해 주실 것을 간청하였다.

이에 부처님은 공회당에 들어가 갖가지로 축복하고
밤 늦게는 아난존자에게 설교하도록 하였다.
아난다는 말했다.
"마하나마여, 고귀한 제자는 계를 지키고
감각적 문을 수호하고 식사량을 조절하고
항상 깨어 있어 일곱 가지를 실천,
행복을 제공해야 합니다."

그때 마하나마가 물었다.
"어떻게 계행을 지켜야 합니까?"
"계율의 항목을 수호하고 행동규범을 완성,
사소한 잘못에서 두려움을 보고

학습계율을 받아 배웁니다."
"어떻게 감각능력을 보호합니까?"

"시·청·각 및 정신적 감각을 통하여
거기서 나타난 일상에 집착, 연상하지 않고
탐욕과 악을 절제해야 합니다."
"어떻게 식사분량을 조절할까요?"
"향락, 취기, 아름다운 매력만을 찾지 말고
몸을 지탱하고 건강을 지키고 상해를 방지,
청정한 삶을 지속하기 위하여 음식을
조절해 먹어야 합니다."

"어떻게 항상 깨어 있어야 합니까?"
"낮에는 경행과 좌선으로 장애가 되지 않게 하고
밤에는 입정하였다가 때가 되면
자되 잠은 많지도 적지도 않게 자며
맑은 정신으로 살아가는 것입니다."

"일곱 가지 올바른 성품이란 무엇입니까?"

"① 믿음과

② 부끄러움

③ 창피스러워 하는 것

④ 부지런히 배우고 기억하고

⑤ 열심히 노력하며

⑥ 새김을 확립하고

⑦ 지혜롭게 사는 것입니다.

"어떻게 훌륭한 마음 속에 행복을 제공할 수 있습니까?"
"감각적 쾌락의 여읨, 사유숙고,
새김확립, 평정을 얻으면 행복해 집니다.
마치 암탉이 알을 품어 병아리를 깨는 것과 같이
또 이것은 자신을 이기는 전쟁과 같이
전진 후퇴를 거듭하며 평정을 얻으면
전생의 일도 훤히 알게 되고,
새소리, 개소리도 들을 수 있으며,
남의 마음을 알아 소원성취를 시켜 줄 수 있습니다.
이것이 명지(明智), 덕행(德行)입니다."

그때 범천 싸나꾸마리(젊은 선정의 성취자)가
노래 불렀다.

"사람 가운데는 왕족이 최고이고
신들 가운데는 덕행을 갖춘 자가 최상이네."

그때 부처님께서 일어나
아난다의 법문을 인가 칭찬하였다.

54. 뽀딸리야경(Potaliya Sutta)

―거룩한 재가신자―

부처님께서 앙굴따라빠 아빠나시에 계실 때
시내로 탁발나가 공양하고 숲속에 앉아 있는데,
장자 뽀딸리아가 정장을 하고 양산을 들고
신발을 신고 부처님을 찾아와 자리를 권했다.

"장자 뽀딸리야여, 원한다면 자리가 있으니 앉으라."
그런데 그는 자신을 장자라고 부른데 만족하지 않았다.
"존자 고따마여,
나를 장자라고 부른 것은 옳지 않습니다.
저는 모든 유산을 자식들에게 돌려주고
세속 일을 그만 두었습니다."

"세속적 계율은 가정 유산이 중심이지만
성자의 계율은 그렇지 않다.
① 살아있는 생명을 보호하고
② 주지 않는 것을 훔치지 않고 베풀며
③ 진실한 말로 거짓말을 하지 않으며

④ 이간질 하지 아니 하고
⑤ 탐욕을 부리지 않고
⑥ 악의에 찬 비난을 하지 않고
⑦ 분노심으로 고뇌하지 않고
⑧ 교만한 마음으로 남을 업신여기지 않는 것이다.

감각적 쾌락에 대한 욕망은 굶주린 개가
피 묻은 해골만으로 허기를 참는 것 같고,
고깃덩어리를 물고 가는 까마귀가 독수리나
매에게 쫓기는 것 같고, 건초의 횃불을 가지고
바람을 거슬러 달려가는 것 같고,
이글거리는 수풀 속에 던져진 사람과 같다.

아름다운 정원과 숲, 초원, 호수를 꿈꾸다가
깨고 보면 한 가지도 볼 수 없는 것처럼
세상의 욕락은 끝없는 고통과 걱정을 낳기 때문에
우리는 수행승들에게 진실한 계를 가르칠 뿐이다."
그는 법문을 듣고 삼보에 귀의하여
훌륭한 재가 신자가 되었다.

55. 지바까경(Jivaka Sutta)

―지바까 의사의 의학공부―

부처님께서 라자가하 지바까 꼬마라밧짜의
암바숲에 계실 때 지바까가 와서 부처님께 물었다.

"수행자 고따마를 위하여
생명을 죽인 자들이 있다고 하는데
부처님께서는 그것을 알고도 그 고기를 잡수십니까?"

"나는 보여지고 들려지고 추측된 것은 먹지 않는다.
나 뿐이 아니고 모든 수행자들이 음식에 탐착하고
매혹되어 잘못 범해진 위험이 있는 음식은 먹지 않는다."

"저도 여러 수행자들이
허물없는 음식들을 먹는 것은 보았습니다.
듣건대 하느님은 사랑으로 감로를 마신다 들었는데
부처님께서는 자비로써 음식을 잡수시고
있다는 것을 저는 알고 있습니다."

의사 지바까는 원래 라자가하 고급 창부의 버려진 아이로
왕자 아바야가 발견하여 기르다가
딱까실라 앗데이야 의사에게 보내
7년간 공부하게 하였다.

앗데이야가 물었다.
"그대는 의술을 베풀고 어떤 대가를 받겠는가?"
"저는 오직 학문을 원할 뿐
누구에게도 그 대가를 달라 말하지 않겠습니다."
돈의 노예가 되지 않을 것을 안 앗데이야는
주위 산야와 물속에 있는 모든 약초들과 광물,
수산물을 거두어 약성을 가르쳤는데
마지막 시험 날 선생님께서 학생들에게 말했다.

"15일 내에 세상에 있는 풀, 나무,
넝쿨, 뿌리 등 모든 것들 가운데
약이 되지 않는 것을 가지고 오너라."
4일 동안 곳곳을 답사한 지바까는

"이 세상에서 약 아닌 것은 하나도 없습니다."
하고 빈손으로 와서 유명한 의사가 되었다.
귀국하여서는 빔비사라왕과 부처님의 의사가 되었다.

56. 우빨리경(Upali Sutta)

─지계 제일 우빨리존자의 신심과 원력─

부처님께서 날란다시 빠바리깜바 숲에 계실 때
니간타교도인 디가따빠씬이 탁발갔다 돌아오는 길에
부처님을 찾아오니 부처님께서 물으셨다.

"악을 짓고 악행에 얼마나 많은 행위가 있는가?"
"우리 교단에서는 행위라는 말보다는
처벌이라는 말을 씁니다.
몸과 입과 뜻으로 죄를 짓고 있기 때문입니다.
존자께서는 이 셋 중에
어떤 것을 가장 중하게 벌하십니까?"

"정신적 행위이다."
이 말을 들은 디까따빠씬은
자신들과 뜻이 같지 아니한 것을 알고 가다가
니간타 나따뿟따에서 많은 신도들과
앉아 있는 것을 보았다.

우빨리가 물었다.

"대낮에 어디 갔다 오십니까?"

"고따마를 만나고 오는 길이다."

"무슨 대화를 나누셨습니까?"

"신체적 처벌이 정신적 처벌보다 앞선다고 말했지."

"잘 하셨습니다. 신체적 처벌에 비한다면
사소한 정신적 처벌이야 무슨 큰 죄가 되겠습니까?
저도 가서 고따마를 한번 뵙고
숫양의 머리채를 잡아 흔들듯, 용수채를 돌리듯,
말총을 끌듯하여 커다란 코끼리가 진흙밭에서
꼼짝 못하는 것 같이 되게 하겠습니다."

하여 우빨리는 부처님을 뵙고
디가따빠씬에게 들은 이야기를 하니 도리어 물었다.
"그대는 어떻게 생각하는가?"
"당연히 신체적 죄업이 크지요."
"신체가 죽은 뒤에는 누가 그 과보를 받는가?"
"정신이 받습니다.

정신이 어리석기 때문에 늦게 가서 받게 됩니다."

"어떤 사람이 칼을 뽑아 이곳 날란다 시민을 다 죽여 하나의 고기 덩어리로 만들어 버린다면 되겠는가?"
"다 죽일 수는 없습니다."
"그러면 어떤 신통력을 가진 사람이
신통력으로 불태워 버린다면?"
"태울 수 있습니다."

"저 단다까, 까링가, 멧지, 마왕가 등이
신들의 저주로 황무지가 되었다는 말도 들었는가?"
"들었습니다. 그렇다면 그들이 입과 몸으로 한 행위인가, 아니면 생각으로 한 일인가?"
"정신적인 힘이지요."

"그렇다면 더 이상 말할 것이 없다."
"참으로 거룩하십니다. 넘어진 자를 일으켜 주시니 저는 오늘부터 삼보(불·법·승)에 귀의하여 부처님 제자가 되겠습니다."

이 소식을 들은 나따뿟다와 따빠신이
날란다에 이르니 문지기가 물었다.
"이곳은 누구나 함부로 들어갈 수 없습니다.
우빨리가 출가하여 스님이 되었기 때문입니다."
몇 번이나 사정하여 겨우 들어가니
우빨리가 나와 맞았다.
"저기 앉으십시오."

"환술에 걸린 것이 아닙니까?"
"아무리 훌륭한 염색사라도
원숭이를 물들여 황금 원숭이를 만들 수는 있어도
두들겨 광택을 낼 수 없듯이
나는 스스로 속까지 물들어
두들길 필요가 없게 되어 있습니다."
하고 다음과 같이 노래 불렀다.

"견고한 어리석음을 깨닫고
황무지를 개간, 승리를 얻고 보니
평온한 마음 걱정 없고

청정한 계행에 지혜의 달이 떴습니다.
탐욕의 불을 뛰어넘어
티끌없는 세존을 뵙고
그의 제자가 되었으니 혼돈 없고 만족합니다."

이렇게 하여 수타족의 이발사가 부처님 제자가 되어
지계(持戒) 제일의 성자가 되었다.

57. 개의 행실을 닦은 자 경
(Kukkuravavatilka Sutta)

―축생행과 이교도들의 넉달 수행―

어느 때 부처님께서
꼴리야국 할릿다바싸나 꼴리야족 마을에 계셨다.
그때 꼴리야 사람으로 소의 행실을 닦는 뿐나와
벌거벗고 다니며 개의 행실을 닦는 쎄니어가
부처님을 찾아와 뿐나가 물었다.

"세존이시여, 개의 행실을 닦는 쎄니야와 뿐나는
오랜 세월 고행을 잘 닦아 왔습니다.
저희들은 땅 위에 던져진 것을 먹으며
소와 개의 행실만 하고 있는데
장차 어떻게 되겠습니까?"

"그거야 지옥이나 축생밖에 더 되겠는가.
어두운 행위는 어두운 결과가 있고
밝은 행위는 밝은 결과가 있으며,
어둡고 밝은 행위에는 어둡고 밝은 결과가 오고

어둡지도 밝지도 않은 행위에는
어둡지도 밝지도 않는 결과가 있다는 것을
그대들은 잘 알고 있지 않는가.
마찬가지로 선악의 경계도 똑같다."

두 사람은 즉시 삼보에 귀의하고
부처님의 제자가 되기를 희망하였다.
그래서 부처님께서 말했다.
"어떤 사람이 남의 집에 가서나 남의 나라에 가서
그 나라 풍습과 가정의 일상을 익혀야 되듯
이교도들도 불도에 들어오면
적어도 넉 달 동안은 보고 일해야 하므로
예비 시간을 지나 스님이 되게 하라."

58. 아바야왕자경(Abhayarajakumara Sutta)

―어리석은 사람과 지혜있는 사람―

부처님께서 깔란다까니바빠에 계실 때
아바야왕자(빔비시라왕의 서자)가 니간타
나따뿟따에게 가서 말했다.
"왕자여, 고따마를 논파하라.
그리하면 그대의 명성이 6신통을 얻은 사람보다
높이 올라가리라."

"어떻게 논파할까요?"
"여래도 보통 사람과 같이
마음에 들지 않는 일이 있으면
화내고 욕하느냐고 물어서 만약 그렇다면
일반 사람이나 데바닷다와
다를 것이 뭐 있느냐고 물으라.
그는 틀림없이 두 개의 뿔이 목에 걸린 것처럼 되어
삼키지도 뱉지도 못할 것이다."

아바야는 첫날 세존께 찾아가고 나니

시간이 너무 늦어 논파하지 못하고
이튿날 세존과 다른 세 분을 초대하여 공양을 대접한
뒤 세존께 물으니 대답하지 않았다.
어느 한쪽에만 치우치면 사랑스럽지 않고
마음에 들지 않고 유익하지 않기 때문이다.

아바야가 말했다.
"세존이시여, 그렇다면 니간타들은 패한 것입니다."
하고 그 동안 하고 있었던 일들을 낱낱이 밝혔다.
부처님께서 말씀하셨다.
"왕자여, 만약 어린아이가 음식을 잘못 먹어
목에 걸렸다면 그대로 놓아두어야 하는가,
목에 피가 나더라도 그것을 꺼내주어야 하는가?"
"당연히 꺼내야지요."
"그렇다면 학자나 바라문, 장자, 수행자들이
질문을 잘못한다면 그대로 놓아두어서는
아니 되지 않겠는가."

왕자는 그 자리에서 무지를 깨닫고 삼보에 귀의하였다.

59. 여러 가지 느낌 경(Bahuvedaniya Sutta)
―느낌의 철학―

부처님께서 제따숲 아나타삔디까 승원에 계실 때 꼬살라왕 빠세나디의 건축사 뻰짜깡가(도끼, 끌, 막대, 곤봉, 관 등 다섯 가지를 항상 가지고 다니는 자)가 존자 우다인에게 물었다.

"세존께서는 얼마나 많은 느낌에 대하여
설명하고 계십니까?"
"즐겁지도 않고 괴롭지도 않고, 즐겁고 괴롭지도 않는
세 가지 느낌에 대하여 설하고 있다."

그때 마침 아난다가 지나가다가
두 사람의 대론을 듣고 건축사의 마음이
다 풀리지 않은 것을 보고 여러 가지 느낌을
상세히 설명해 주었다.

첫째, 두 가지 느낌은 신체적 느낌과 정신적 느낌이고
둘째, 세 가지 느낌은 괴롭고, 즐겁고, 괴롭지도 즐겁

지도 않는 것이고

셋째, 다섯 가지 느낌은 몸과 마음, 괴로움과 즐거움, 괴롭지도 즐겁지도 않는 것에 대하여 설하고

넷째, 여섯 가지 느낌은 눈, 귀, 코, 혀, 몸, 뜻 등 6감에 의한 느낌이고

다섯째, 아홉 가지 느낌은 이상 6감에 고, 락, 사(苦, 樂, 捨)가 더해진 것이고

여섯째, 열여덟 가지 느낌은 6근, 6경, 6식에 대한 18종의 느낌이고,

일곱째, 서른다섯 가지 느낌은 18종의 느낌을 세간적인 것과 출세간적인 것으로 구분한 것이고

여덟째, 108가지 느낌은 36감을 과거, 현재, 미래에 곱한 것이다."

이 사실을 세존께서 듣고 인정하시고
아난다를 칭찬하므로
우다인과 빤짜깡가도 즐거워하였다.

60. 논파할 수 없는 가르침 경(Apannaka Sutta)
―논쟁의 철학―

부처님께서 꼬쌀라국에 유행하시다가
수행승들과 함께 꼬쌀라 바라문 마을에 이르렀다.
마을 사람들이 소식을 듣고 너도 나도 찾아와
인사하고 앉자 부처님께서 물었다.

"그대들에게 합당한 이유로
신뢰하는 어떤 스승이라도 있는가?"
"없습니다."
"그렇다면 모든 것을 부정하는 사람과
긍정하는 사람에 대하여는?"
"그것도 없습니다. 세상에는 보시, 제사, 공양, 선악,
이 세상과 저 세상, 부모, 형제, 뭇 삶이 있다 없다
주장하는 사람도 있고 부정하는 사람도 있습니다."

"그렇다. 이 세상은 괴롭다하여 스스로 고행하는 사람,
이 세상은 괴롭다 하여 남을 괴롭히는 사람,
그래서 괴로운 수행을 하고,

이와는 정반대 되는 사람도 있다.

그러므로 수행자는 시 · 청 · 각에 이끌리지 않고
계율을 철저히 지키며 탁발 후 새김을 제대로 하여
탐욕, 분노, 해탈, 회한, 의심을 없애
정신통일과 새김을 통해 4선정을 얻고
마침내 등정각에 이르러 가도록
모든 행동을 실천해야 한다."

비로소 사람들은 논리가 중요한 것이 아니고
수행을 통한 깨달음이 으뜸이라는 것을 알게 되었고,
또 그것을 통해 몸소 실천하면
이 세상과 저 세상에 평화가 와서
안정된 생활을 할 수 있다는 것도 깨달았다.

제2품 수행승 품
(Bhikkhu-vagga)

61. 암발랏티까에서의 라훌라 교화경
(Ambalatthika-rahulovada Sutta)

―라훌라의 제도―

부처님께서 라자가하 벨루숲
깔란다까니바빠에 계셨다.
그때 라훌라는 암발랏티까에 있었는데
세존께서는 저녁 무렵 홀로 명상하다가 일어나
라훌라를 찾아 가셨다.

라훌라는 멀리서 부처님 오시는 것을 보고
자리를 마련하고 발 씻을 물을 준비해서
부처님 발을 씻겨드렸다.
부처님은 내려다보시다 물었다.

"너 그 물그릇에 물이 조금 남아 있는 것을 보았느냐?"
"예, 보았습니다."
"고의로 거짓말을 하는 자, 부끄러움을 모르는 자에게 수행자의 덕성이 저렇게 적다면 어찌하겠는가?"
하고 물을 버리고 그릇을 엎어놓게 한 후 물었다.

"적은 덕성은 버려지고 그 속은 뒤집어졌다.
왕코끼리가 죽음을 당하면 상아까지도 잃는 것처럼
밝은 거울이 제 얼굴을 비쳐보는 것처럼
부끄러움이 없는 자는 제 자신을 성찰할 줄 알아야 한다.
그런데 너는 부처님의 아들로서
한 나라의 왕의 손자로서
더군다나 출가한 사람이 이런 사미들을 데리고
신도들을 속이고 먹을 것을 얻어 먹으면서
즐거워한다면
신도들이 그대를 믿을 수 있겠는가?"
하고 그 대야를 발로 차 버렸다.

라훌라는 그 그릇이 깨질까 두려웠다.

"너 저 그릇이 깨어질까 걱정하지 않았느냐?"

"예, 걱정은 하였습니다만 저것은 이미 더러워져
음식도 담을 수 없게 되었으므로
새것으로 바꾸면 된다 생각하였습니다."

"그렇다. 라훌라여,
너에 대한 신도들의 연민의 정도 그러하여
저자는 이미 거짓의 땟국이 끼어 못쓰게 되었으니
새로운 사미를 들여서 써야겠다 생각하지 않겠느냐?"

"부처님 잘못했습니다. 앞으로는 잘못을 성찰하여
절대로 거짓의 땟국이 끼지 않도록 하겠습니다."

62. 큰 라훌라 교화경(Maharahulovada Sutta)

― 라훌라의 위빠사나 ―

부처님께서 아나타삔디까 승원에 계실 때
라훌라와 함께 탁발 가시며 말했다.
"어떤 물건이든 과거, 현재, 미래 내외,
거칠고 부드럽고, 저열하고 훌륭하고, 멀고, 가깝고,
내 것이든 남의 것이든 가리지 말고
바른 생각으로 관찰해야 한다."

"물질에 대해서만 그러합니까?"
"아니다. 느낌과 생각 모든 것에 대하여도
그러하여야 한다."
이 말씀을 듣고 라훌라는 그만 걸식을 포기하고
나무 밑에 앉아 몸을 바로 세우고
얼굴을 똑바로 하고 가부좌를 하고 앉았다.

그때 존자 싸리뿟따가 보고 말했다.
"라훌라여, 호흡으로 새겨라."
호흡으로 명상하다가 부처님께 찾아가서 물었다.

"호흡을 안팎으로 하다 보면 거칠고 굳은 것이 있으나
모두가 하나의 세계인 것 같습니다."

"불도 그렇고 물도 그렇고, 땅도 바람도 세계도 그렇다.
그래서 명상하는 사람은 지·수·화·풍 4대를 통해
똥오줌까지도 다 날려버리는 것이다.
실로 그들은 따로 정이 없는 것이다.
사람이 쓰기에 따라 귀하게도 되고 천하게도 된다.
그러므로 거기서 자·비·희·사 4무량심이
우주공간에 꽉 차도록 수행해야 되는 것이다.

길게 내쉴 때나 짧게 내쉴 때나 신체 전신으로
체험하면서 희열, 행복, 기쁨, 집중, 해탈, 무상,
소멸을 관하면서 세상을 어여삐 여기고
구할 생각을 일으켜야 하기 때문이다."

라훌라는 여기서 호흡을 통해
커다란 공덕을 형성하였다.

63. 큰 말룽끼야뿟따경(Mahamalunkya Sutta)

　－결박을 풀고 나가는 법－

부처님께서 아나타삔디까 승원에 계실 때
수행승들에게 다섯 가지 단계의
결박에 대하여 말씀하셨다.

① 개체에 대한 견해
② 의심
③ 규범과 규제에 대한 집착
④ 감각적 쾌락
⑤ 분노

마치 누워있는 어린 아이들에게는
이런 생각이 나지 않는 것처럼
처음 수행에 들어온 사람은 그런 생각을 못하지만
잘 배운 제자들은 고귀한 님을 인정하고
가르침을 잘 알고 이끌리어 참사람에 대한 깨달음을
얻기 때문에 의식, 쾌락, 욕망, 분노가 일어나지 않는다.

그러니 이것을 버리고자 하면 먼저 집착의 대상을 떠나고
악하고 불건전한 상태를 버리고 신체적 악행,
감각적 쾌락을 떠나 사유를 갖추어 숙고하고
멀리 여읨에서 오는 희열과 행복으로
첫 번째 선정을 체험하고
거기서 일어난 모든 것은
무상하고 괴롭다는 생각을 가져
제2, 제3, 제4선을 통하면
끝없는 공간세계까지도 벗어나서
대자유를 얻을 것이다.

이것이 낮은 단계의 결박이고
결박에서 벗어나는 방법이다.

65. 밧달리경(Bhaddali Sutta)

　ー위대한 공덕밭이 되는 방법ー

부처님께서 아나타삔디까 승원에 계실 때
수행승들에게 말씀하셨다.
"나는 하루에 한 끼 식사로 산다.
그런데도 병이 없고 건강 하고 힘이 있고 안온하다.
그대들도 나와 같이 살기를 원하는가?"

그때 존자 밧달리가 말했다.
"저는 하루 한 때로써는 걱정되고 후회할 것 같습니다."
"그렇다면 초대된 음식을 거기서 얼마쯤 먹고
가지고 와서 또 먹어도 좋다."

그래서 사부대중과 이교도들에게까지
소문이 확 퍼졌다.
부처님께서 안거가 끝나 유행하시고자
옷을 만들고 있을 때 가서 참회하였다.
"세존님, 저는 출가자로서 지켜야 할
학습계율을 범했습니다.

용서해 주시면 다시는 그런 고집을 피우지 않겠습니다.
이제부터 날쌘 준마를 훈련시키는 마음으로
노력, 정진하겠습니다."

"장하다, 밧달리여. 바르고 밝은 8정도에 바른 지혜와
해탈을 갖추면 그때는 어느 곳에 가든지 공양받고
대접받고 예배받는 위 없는 공덕밭이 될 것이다."

66. 메추라기 비유경(Letukikopama Sutta)

― 우다인의 양심고백 ―

세존께서 앙굿따라빠 지방 아빠나시에 계실 때
우다인이 명상 속에서 느낀 바를 말씀드렸다.

"세존이시여, 저는 명상 속에서
부처님에 대해 감사한 마음을 가지게 되었습니다.
중생의 고통을 없애주시고 악을 그치게 하고
즐거움과 선을 위해
노력하고 계신 것을 알게 되었습니다.

실로 저희들은 하루 세 때 먹고도 부족했습니다.
그런데 부처님께서
때 아닌 때 먹지 말라 하신 말씀을 듣고
한때는 슬퍼하기도 하였지만
부처님의 말씀을 지키다 보니
때 아닌 때 먹고 세상 사람들의 핀잔 받는 것이
없어졌고 저녁 늦게 탁발하러 갔다가
웅덩이에 빠지고 소, 말들에게 받혀

고생한 사람들이 한둘이 아닙니다.

때로는 도둑에게 잡혀 매를 맞기도 하고
홀로 있는 여자 집에 들어갔다고
의심을 받기도 하였습니다.
그러나 이제 집 있는 곳에서 집 없는 곳으로 출가하여
계를 지키고 철저히 수행하며 살다 보니
온갖 탐욕과 어리석음, 의심이 다 없어지고
오직 평온한 마음만이 있을 뿐입니다."

이에 부처님께서 말씀하셨다.
"그래서 수행자는 집착을 끊고
욕심없는 삶을 사는 것이다."

67. 짜뚜마에서의 설법경(Catuma Sutta)
  −부산떠는 사미승들−

부처님께서 짜뚜마 아마리까 숲에 계실 때
싸리뿟따와 목갈라나가 부처님을 뵙기 위해
500명 수행자와 같이 왔다.

그런데 이부자리를 펴고 먼저 있던 스님들과
인사를 나누는 사이 너무 시끄럽게 떠들자
부처님께서 듣고 아난존자에게 명령했다.

"웬 사람들이 저렇게 시끄럽게 와서 떠드는지
그 지도자들을 오라고 하여라."
가서 보니 따뚜마에서 온 비구들이
싸리뿟따와 목갈라나 등에게
서로 인사하는 광경이었다.

"부처님께서 오시라 합니다."
다 같이 가서 인사를 드리자 내쫓았다.
"매우 시끄럽기가 마치 물고기를 잡는 어부들과 같

도다.

나는 그대들과 같이 지낼 수 없으니 그만 가거라."

그런데 그때 짜뚜마에서 사는

싸끼야족들이 멀리서 보고 와서 말하였다.

"이 밤중에 어디로 가시렵니까.

잠깐만 기다리십시오.

저희들이 가서 여쭈어 보겠습니다."

하고 가서 부처님께 사뢰었다.

"출가한 지 얼마 되지 않은 행자들이므로

법도를 잘 몰라 떠든 것이오니 이해해 주시고

기쁜 마음으로 환영해 주시옵소서.

자비를 베풀어 새내기들에게

교육의 기회를 주시옵소서.

기회를 놓치면 묘목이

물을 만나지 못해 말라 죽는 것과 같이 될 것입니다.

어미 소가 새끼들을 돌보아주듯 거두어 주시옵소서."

하느님 싸함빠띠도 와서 그렇게 말했다.

그래서 부처님은 용서하고 그들을 받아들여
싸리뿟따와 목갈라나로 하여금 교육하도록 하여
훌륭한 사문이 되게 하셨다.

"수행승들이여, 물에 들어가는 자에게는
네 가지 두려운 마음이 있어야 한다.
① 파도에 대한 두려움이 있어야 하나니
　　생·노·병·사에 대한 두려움이고,
② 악어에 대한 두려움이 있어야 하나니
　　의·식·주에 대한 두려움이고,
③ 소용돌이에 대한 두려움이 일어나야 하나니
　　신체, 언어, 감각, 능력에 대한 두려움이고,
④ 상해에 대한 두려움이 있어야 하나니 탁발 나가 속
　　인이나 이교도들에게 잡혀 먹히지 않는 것이다."

68. 날라까빠나 법문경(Nalakapana Sutta)
―아니룻따의 교화경―

부처님께서 꼬쌀라국 날라까빠나 마을
빨라싸숲에 계실 때
존자 아누룻다, 난디야, 낌빌라, 바구, 꾼다다나,
레바따, 아난다 등 훌륭한 가문의 아들들에
둘러싸여 노지에 앉아 칭찬 받는 아누룻다에게 물었다.

"그대는 청정한 삶에 대하여 기뻐하는가?
그대들은 꽃다운 청춘을 집 없는 곳으로
출가하여 여러 가지 고통을 겪고 사는데
그래도 기뻐하는가?"

"예, 세존이시여. 검은 머리가 파뿌리 되더라도
후회하지 않겠습니다.
만약 우리가 마음의 평화를 얻지 못한다면
탐·진·치, 해태, 혼침에 사로잡혀
후회, 한탄, 의심, 불쾌할 것이나
권태 없이 만족한 마음으로 살고 있습니다."

"그대는 어떤 번뇌를 어떻게 제거하고
미래세에 대하여 어떻게 성찰했는가?"
"여래는 미래의 번뇌를 일으키지 않고
생로병사에 대한 걱정이 없기 때문에
저렇게 평온한 마음으로 사시는 것이 아닌가
생각하여 아무 걱정없이 살고 있으며
제자들에게 죽음에 대한 예언도
그 뿌리마저 제거하기 위한 방편으로
설하는 줄로 알고 있습니다."

"훌륭하다, 아누룻다여.
그대는 여래의 마음을 잘도 이해하고 있구나.
실로 먼저 죽은 사람들도 그들의 믿음과
계행, 배움, 베품, 지혜를 보면
그 수준을 알 수 있다.
그들은 아직 다 깨우지 못한 배움과
깨달음을 성취하기만 하면
반드시 다음, 또는 그 다음에는 열반을 얻을 것이다.

이것은 남녀노소 승속에 구별이 없다.
누구든지 믿음이 분명하고 계행이 청정하여
배움이 깊고 베품이 있고 지혜가 있는 자를 보면
나는 그들이 장래에
어떤 행복이 온다는 것을 알 수 있다."

69. 굴릿싸니경(Gulissani Sutta)

―사리뿟다의 법문―

부처님께서 라자가하 벨루숲에 계실 때
문제의 수행승 굴릿싸니가 참모임에 와 있으니
사리뿟다가 말했다.

"참모임의 수행자는 누구나 서로 존경하고
공경하여야 한다.
제멋대로 홀로 지낸다면 무슨 이익이 있겠는가.
장로 수행승들에게 결례하지 않고
새내기 수행승들을 쫓아내지 않고
배려된 자리에 대하여 불만을 갖지 않는다면
이것이 품행이 훌륭한 스님이다.

마을에 들어갈 때는 너무 일찍 들어가지 말고
늦게 들어오지 말며,
탁발할 때는 식사 전이나 후에 들어가야
주는 자가 공양자를 걱정하지 않게 된다.
또 도반끼리 거만을 부리고 경거망동한다면 옳지 않다.

실제로 없는 말을 함부로 하지 말고
남의 충고를 잘 받아들이고
감각의 문들도 잘 단속하고
절제된 식사로 항상 깨어 청정하여야 한다.

새김을 확립하고 집중을 닦아 지혜가 형성되게 하되
보고 듣고 아는 것보다 계행이 더욱 청정해야 한다.
허상을 벗어나고 물질을 뛰어넘는 사람은 누구나
인간을 뛰어넘는 가르침을 성취할 것이다."

그때 목갈라나가 싸리뿟다의 가르침에 감사하였다.
"감사합니다, 싸리뿟따님.
우리 수행자는 다 같이 존자의 말씀을
스승 삼아 공부하겠습니다."

70. 끼따기리 설법경(Kitagiri Sutta)

　―세상 사람들을 어여삐 여겨라―

부처님께서 까씨국에 많은 수행자들과 유행하실 때
수행승들에게 말씀하셨다.
"나는 밤에 음식을 먹지 않는다.
그래서 병이 없고 건강하고 상쾌하고 안온하다.
그대들도 가능하면 그렇게 되기를 바란다."

끼따기리(싸밧티시로 가는 길목)에 이르러
앗싸기와 뿌납바쑤까가 살고 있는 것을 보고 물었다.
"그대들도 그렇게 살고 있는가?"
"저희들은 아침, 저녁만 먹습니다.
때 아닌 때 먹어도 이상은 없습니다."

"수행자들이여, 먹는 것에 재미를 붙이지 아니하면
착하고 건전한 것이 늘어나고,
또 삶에 고통을 느끼면
악하고 불건전한 것이 늘어나고,
공부에 기쁨을 느끼면 세상의 고통이 줄어든다.

먹고 마시는 시간이 많으면 많을수록
공부시간은 줄어들고
미각에 대한 쾌락이 불어나기 때문이다.
세상에 수행하는 사람에는 하늘과 땅,
자연, 시주자의 큰 은혜를 입고 살고 있다.
짐이 무거울수록 하늘로 오르기 어려운 것이니
분수따라 생각해서 행하라."

"세존이시여, 오늘 세존의 말씀을 듣고 보니
실로 세상에는 여러 종류의 사람이
살고 있다는 것을 깨닫게 되었습니다.

① 양면으로 해탈한 자
② 지혜로 해탈한 자
③ 몸으로 해탈한 자
④ 견해를 성취한 자
⑤ 믿음으로 해탈한 자
⑥ 가르침을 따르는 자
⑦ 믿음을 따르는 자

우리들은 세상을 뛰어 넘은 출가 생활만 중히 여겼지
세속사람들의 고통과 자연의 은혜에 대해서는
미처 생각해 보지 못했습니다."

제3품 유행자품
(Paribbajaka-vagga)

71. 세 가지 명지와 밧차곳따경
(Terijjavacchgotta Sutta)
―3명 6통에 관한 법문―

부처님께서 베쌀리 마하숲 꾸띠까라 강당에 계셨는데
거기 유행자 밧차곳따가
엑까뿐다리까(흰 망고나무)공원에 있었다.

부처님께서 탁발시간이 너무 일러
밧차곳따가 있는 곳을 찾으니
반가이 맞아 인사하고 물었다.

"세상 사람들이 세존은 모든 것을 아는 자,
언제 어디에서나 보고 아는 것이 현존하는

자라 말하고 있는데 사실입니까?"

"거기에는 약간 허풍이 들어있는 것 같다.
나는 나의 전생을 잘 기억하는 숙명통을 얻고
청정한 눈을 얻었으며
번뇌를 벗어나 해탈을 얻었을 뿐이다."

"재가자도 가능합니까?"
"마음의 속박, 애증을 벗어나야 하기 때문에
보통 사람들로서는 좀 어렵다.
사명외도들은 괴로움을 끝낸 자가 드물고
이교도들 가운데서는 상천(上天)하는
자가 드물기 때문이다.

왜냐하면 사명외도나 이교도 가운데는
4선·8정을 닦는 사람이
그들의 교리에 거의 없기 때문이다."

"그렇습니다.

선행을 통해 욕천에 태어나는 자는 종종 있으나
선을 닦아 색계에 태어나는 사람도 드문데
하물며 무색계에 이르겠습니까."

72. 불의 비유와 밧차곳따경
   (Aggivacchagotta Sutta)

―밧차곳따의 깨달음―

부처님께서 아나타삔디까 승원에 계실 때
유행자 밧차곳따가 찾아와 물었다.

"세계는 영원하고
이것이 진실이라는 견해를 갖고 계십니까?"
"그런 견해를 갖고 있지 않다."
"영혼과 육체는 다르다."

"여래는 사후에 존재한다 하는 견해를 갖고 있습니까?"
"갖고 있지 않다.
왜냐하면 모두 그것은 사변적 견해이고
왜곡이며 동요의 결박으로 고통을 수반하고
번뇌를 따르고 있기 때문이다.
여래에게도 그러한 현상, 혼란,
나, 네것을 만드는 잠재의식이 있다."

"태어나는 것도 아니라면
다음 생에는 어느 세상에 태어나려 하십니까?"
"불이 타고 바람이 불면 있는 그대로 보고 알 뿐이다.
느낌, 지각, 의식도 마찬가지이다.

"이미 나에게는 저 쌀라나무의
안팎 껍질이 다 떨어지고
순수한 심만 남았다."
"참으로 거룩하십니다.
오늘부터 저는 부처님 법에 귀의하여
재가신도로서 부끄럼 없는 삶을 살겠습니다."

73. 큰 밧차곳따경(Mahavacchagotta Sutta)
―밧차곳따의 깨달음―

부처님께서 깔란다까니바빠에 계실 때
유행자 밧차곳따가 찾아와 물었다.

"뵈온 지 오래 되었습니다.
저에게 착하고 건전한 것들과 악하고 불건전한 것들에
대하여 간략하게 설명해 주십시오."
"탐욕과 성냄, 어리석은 것이 악하고 불건전한 것이고,
그것을 여읜 것이 착하고 건전한 것이다."

"죽이는 것과 주지 않는 것을 가지는 것, 부정한 사랑,
거짓말, 꾸미는 말, 악담욕설, 탐·진·치는 악하고
그와 반대는 선이다.

그러므로 밧차여, 갈애를 버리고
그 뿌리를 끊어 더 이상 생겨나지 않게 되면
누구나 해탈을 얻을 것이다."

밧차곳따는 부처님께서 가르치는 대로

계행을 지키고 4선·8정을 닦아

이교도 가운데서 뿐만 아니라

불교에 귀의한 많은 신자들 가운데 으뜸이 되었다.

74. 디가니카경(Dighanakha Sutta)

―디가나카와 부처님과의 논쟁―

부처님께서 라자가하 깃자꿋따산
슈가라까따에 계셨다.
그때 싸리뿟따의 조카 디가나카(악기베싸나)가 와서
부처님과 논쟁을 청하자,
"그대가 먼저 제안해보라."
하였다.

이에 디가나카는
"나는 이 세상 어떤 것도 인정하지 않습니다."
"그대는 그 인정하지 않는다는 것은
인정하고 있지 않느냐.
그것이 곧 탐욕이요, 속박이다.
그대가 만약 이 논쟁에 지면 목을 내놓는다 하였는데
내가 그 목을 어디다 쓰겠느냐.
죽으면 없어질 목을 가지고
이 세상에서 좋은 일이나 하고 가라."

하여 그 자리에서 출가하였다.

"부처님은 부모에게서 자식을 빼앗아가고
아내에게서 남편, 자식에게서 부모를
빼앗아가는 사람이다."

악담욕설을 하던 디가나카가 바로 진리의 눈을 떠
밝히는 성자가 되니
라자가하는 온통 불바다(佛海)로 변했다.

75. 마간디야경(Magandiya Sutta)

―이교도들과 부처님―

부처님께서 꾸루국 깜맛싸담마라
꾸루족 마을에 계실 때
배화교단 바라드와자곳따의 초석(草蓆) 위에
앉아 계셨다.
그때 유행자 마간디야가 바라드와자에게 물었다.
"이 자리는 누구를 위한 자리입니까?
생각 하건대 수행자의 잠자리 같습니다."
"거룩하신 세존을 위해 만든 것입니다."

"재수없는 일이로다.
고따마는 성숙의 파괴자인데…."
그런데 부처님께서 천이통으로 듣고 오셨다.
"우리의 대화를 부처님께 말씀드리려 하였는데
벌써 아시고 오셨습니까?"

그때 마간디야가 산책하다가 찾아왔다.
부처님께서 말씀하셨다.

"형상, 소리, 냄새, 맛, 감촉, 사실에 기뻐하고
즐거워하며 환희하는 시각이 있는데
여래는 그것을 제어하고 지키고 수호하며 다스렸다.
그리고 그것을 다스릴 수 있는 가르침을 설했다.
그런데 그대는
고따마는 성숙의 파괴자라 말하고 있구나."

"그렇습니다. 왜냐하면 우리의 경전에는
그런 말씀이 있기 때문입니다."
"세상에 어떤 사람이
시각, 청각, 후각, 미각, 촉각에 의해
인식되는 것을 원하고
사랑스럽고 마음에 들고 아름답고
감각적 쾌락을 유발하고
탐욕을 야기하는 냄새에 빠져들었다고 하자.
그것들에 대한 생성과 소멸, 유혹, 위험,
여읨을 있는 그대로 알아서
목마른 사람을 버리고 타는 듯한 고뇌와
갈증을 버려 안으로 고요를 성취한다면

그대는 어떻게 말하겠는가.

나도 옛날에는 봄, 여름, 가을, 겨울,
세 개의 궁전을 가지고 호화롭게 살았다.
그러나 그것만 가지고는 만족할 수 없기 때문에
출가했던 것이다."
"그거야 그것보다도 훨씬 좋은 천상락을
구해 출가한 것이 아닙니까?"

"아니다. 그러한 시간적 쾌락이나 감각적 쾌락은
수승하지만 그것만으로 생사를 해결 할 수 없었다.
마치 나병환자가 갖가지 약을 써 조금 나았으나
힘센 장사가 와서 몸을 번쩍 들어 숯불에 던져 버리면
그는 타버리고 말 듯이 그것은 임시방편에 불과하다.

완전한 평화는 병이 없는 것이고,
열반을 증득하는 것이다.
불사(不死)에 이르러야 안심할 수 있다."

비로소 그는 열반에 대한 인식을 새롭게 하고
증득하는 방법을 물어
여덟 가지 바른 길을 알게 되었다.
그리고 참사람을 사귀라고 부탁하였더니
그 자리에서 출가하여 부처님의 제자가 되었다.

76. 싼다까경(Sandaka Sutta)

  －유행자 싼다카와 아난다의 권속들－

부처님께서 한때 꼬쌈비 꼬씨따 승원에 계실 때
유행자 싼다까가 오백 명의 제자들을 거느리고
삘락카 굴에서 살고 있었다.

저녁 무렵 아난다가 명상에서 일어나
수행승들과 석굴을 구경갔다.
대바까따쑵바 제자들이 앉아서 큰 소리로 외치며
잡담외설로 왕, 도적, 군사, 대신, 공포, 전쟁,
음식, 음료, 의복, 침대, 꽃다발, 향로, 친척, 수레,

마을, 부락, 도시, 지방, 여자, 영웅, 도로, 우물,
망령, 세계의 기원과 바다 등 갖가지로 사소한 것들을
이야기 하다가 멀리서 오는 아난다를 보고
무리들에게 훈계하였다.

"조용히 하라. 저들이 여기에
오면 우리와 가까이 할 것이다."

아난다가 물었다.
"지금 여기 앉아 무슨 말씀들을 그렇게
진지하게 하고 있었습니까?"

싸다까가 말했다.
"들을 만한 것들이 못됩니다.
당신 스승의 가르침이나 일러 주십시오."
그래서 아난존자는
부처님의 가르침을 간단히 설명했다.

"부처님을 가까이하면 진리를 성취할 수 있습니다.
부처님께서는 이 세상이 있다든지 없다든지
선악에 좌우되는 일을 말씀하시지 않습니다.
인과를 믿고 오염되지 않는 삶을 가르치고 있습니다.
땅, 물, 불, 바람, 괴로움, 즐거움, 목숨의 일곱 가지
세계에 대해서 고락성쇠를 말하지 않습니다.

왜냐하면 그것은 본래 만들어진 것이 아니고
창조된 것도 아니며 인연 따라 모여졌다.

흩어지는 것이기 때문에 산봉우리처럼
기둥 나무처럼 그 진리가 확립되어 있습니다."

"거룩한 님은 그것을 어떻게 성취하였다 하셨습니까?"
"청정한 계와 관찰, 정려(靜慮)를 통해
쾌락과 숙고, 희열과 괴로움을 퇴치하고
통일된 마음으로 순결을 성취했다 하였습니다."

이 말을 들은 유행자는 500명의 수행자들을 거느리고
부처님께 찾아갔다.
"갑시다, 벗들이여,
고따마의 청정한 삶을 영위하기 위하여!"

77. 우다인경(Mahasakuludayi Sutta)

―이교도들과 화락한 우다인행자―

부처님께서 라자가하 벨루숲에 계실 때
유행자 아난바라, 바라다라, 우다인 등이
모리나바빠(벨루숲 옆에 있는 공작새 숲)에서
지내고 있었다.

세존께서 아침 일찍 탁발하러 가다가
시간이 조금 이른 것 같아 그들이 쉬고 있는 곳을 찾았다.
우다인이 그의 권속들과 잡담을 하고 있다가
부처님께서 오시는 것을 보고
조용히 하라 경계한 뒤 환영하였다.

"어서 오십시오, 세존이시여."
"무슨 이야기들을 그렇게 즐겁에 하고 있었는가?"
"마가다국은 훌륭합니다. 6사외도가 다 모여 있고
부처님까지 거기 계신데
뿌라나 깟싸빠, 막깔라 꼴쌀라, 아지따 께싸깜발린,
빠꾸다 깟짜야나, 싼자야 벨라티뿟따도

제각기 자기 교단을 거느리고 자기 교리를 펴며
수행자 고따마와 함께 삽니다.

수행자 고따마는
① 식사를 적게 하고
② 어떠한 옷도 만족하고
③ 어떠한 음식도 만족하고
④ 어떠한 처소도 만족하고
⑤ 멀리 여읨을 닦는 것을 보고
저희들은 존경한다 하였습니다."

"우다인이여, 거기 우리 수행자들은
① 계행을 청정히 지키고
② 아는 것은 안다 하고 본 것은 보았다 하며
③ 지혜를 갖추고 탁월한 지혜를 성취하고
④ 괴로움에서 벗어났다.

그래서 열심히 노력하고 알아차리고 새김을 확립하고
탐욕과 근심을 제거, 그의 맨 끝에 이르러 있다.

이미 생겨난 악을 끊고, 아직 생겨나지 않는 악은
일어나지 않게 하고, 이미 생겨난 선은 더욱 불어나게
하고 아직 생겨나지 않은 선은 새로 생겨나게 한다.

그리하여 의욕을 집중하고 정진, 탐구로 집중하여
정신통일하고 새김과 탐구, 사라짐, 소멸로 안온,
평정을 얻고 바른 견해와 사유, 언어행위, 생활, 정진,
새김, 집중 등 8정도를 닦아 37조도품을 완성하였다.

우다인이여, 우리도 이렇게 하면 지각, 형상을 뛰어 넘어
아름다운 세계를 보고 무한한 공간을 넓혀가고
끝없는 시간속에 여유있게 자재합니다.

길은 이미 열려 있습니다.
와서 보는 자는 볼 수 있고 힘써 가는 자는
누구나 갈 수 있습니다.
나의 제자들은 이렇게 길을 설하고 길을 갑니다."
"감사합니다. 이제 비로소 세존을 존경하고
그리워하고 의지해야 할 것을 알게 되었습니다."

78. 만디까의 아들경(Samana Mandika Sutta)

─건축사의 회계방법─

부처님께서 아나타삔디까 승원에 계실 때
유행자 욱가하마나가 만디까 동산
띤두까 식물원 강당에서 300명의 유행자들과
그를 따르는 사람과 함께 지내고 있었다.

이때 건축가 빤짜깡가가 부처님을 뵙기 위해
싸밧티시를 나왔으나 시간이 맞지 않아
먼저 말리까 동산에 이르렀다가 식물원 강당에서
수행자 말리까의 아들 욱가하마나를 만났다.

욱가하마나가 말했다.
"당신은 몸으로 악한 행위도 하지 않고 말과 뜻으로
나쁜 생각도 갖지 않고 착하게 살아갑니다."
"건축가여, 나는 몸으로 악한 습관과 의도를 통해
이미 생겨난 악을 제거하고 생겨나지 않은 악을
생겨나지 않게 하며 선을 증장시키고
새로운 선을 만들었습니다."

하고 서른 가지 선업을 닦는 법을
구체적으로 설명하였다.

79. 작은 사쿠다이경(Culasakuldayi Sutta)
―깨어있는 부처님 법문―

부처님께서 벨루숲에 계실 때 탁발하러 가다가
유행자 공원에 들려 유행자 우다인을 만났다.
우다인은 떠들던 유행자들을 조용하게 하고
부처님을 맞았다.

"어서 오십시오, 세존님. 그 자리에 앉으십시오."
부처님께서 물으셨다.
"지금 그대들은 무슨 이야기를
그렇게 즐겁게 하고 있었는가?"

"세속적인 이야기라 말씀드릴 만한 것이 못됩니다.
부처님께서는 가나오나 항상 깨어있는 진리를
가르치신다 하는데 저희들에게 일러 주십시오."

"천안통을 얻으면 3세인과를 다 꿰뚫어 알 수 있다.
전생에 어디서 태어나 어느 부모 밑에서 배우고
누구와 결혼하여 누구를 낳고 마찬가지로 미래의 일도

그러하거늘 현재 눈앞에 있는 일이야
말할 것 있겠는가."
"저는 스승에게 최상의 빛에 대하여
가르침을 받았으나 아무 것도 보이지 않습니다."

"겉에 나타난 빛만 보았지 속에 있는
지혜의 빛을 보지 못했기 때문이다.
에메랄드가 아무리 아름다운 빛을 가진
보물이라 하더라도 사람이 그 빛을 보고
쓸 줄 모르면 귀하게 될 수 없다.

햇빛, 달빛, 별빛이 아무리 밝아도
우리 마음의 빛만은 못한 것이다.
그것은 비칠 줄만 알았지 앎이 없기 때문이다."
"세존님, 이제 그만 하십시오.
잘못하면 우리 스승님이 허망해지고
거짓말쟁이가 될 것 같습니다."

"그렇다. 그렇다면 그만 두어야지.

그런데 그것이 잘못된 줄 알면서도
그대로 놓아둔다면
장님이 장님을 이끌고 간 것처럼 되어
진실로 세상이 허망하게 될 것이다.
그러므로 진실은 진실이고
거짓은 거짓인 것을 알아야 하리라."

"부처님, 세상을 행복하게 하는 말
한 마디만 일러주십시오."

"생명을 살리고, 주지 않는 것은 갖지 않고,
정조를 지키면 행복해진다.
공부하는 사람은 해태와 혼침을 버리면
후회하지 않는다.
순결, 청정을 지키고 때 묻지 않게 살면 행복해진다."

80. 베카낫싸경(Vekhanassa Sutta)

―빛 가운데 빛―

부처님께서 아나타삔디까 승원에 계실 때
유행자 베카낫싸깟짜나가 찾아와 말했다.

"세상에는 최상의 빛이 있습니다."
"그것이 무엇인가?"
"에메랄드의 찬란한 빛, 반디 불, 등잔 불,
모닥불, 별빛, 보름달 빛, 구름 한점 없는 태양빛,
모두가 빛이 나지만
그 최상의 빛은 말로 표현할 수 없습니다."

"그것이 지혜다. 시각, 청각, 촉각, 미각,
그 모든 것을 깨달아 알고 기쁨과 슬픔,
과거, 현재, 미래를 다 알 수 있는 빛,
그 빛이 곧 마음의 빛이다.
그래서 나는 빛난다고 말하는 것이 아니라
그것에서 벗어났다고 하는 것이다."

제4품 왕품
(Raja-vagga)

81. 가띠까라경(Ghatikara Sutta)

−부처님의 미소−

부처님께서 꼬살라국에서 많은 수행승들과 유행할 때
길을 벗어난 어떤 장소에서 미소를 짓자
아난다가 물었다.

"어찌하여 그렇게 미소를 지으십니까?"
"옛날 이곳은 베바랑가라는 상업도시였다.
거기 깟싸빠 부처님의 승원이 있었다.
도공 가띠까라가 바라문 친구 조띠빨라에게 말했다.

'세상에서 존경받고
거룩하신 원만히 깨달은 분이 계시니

함께 찾아가면 어떤가?'
'빡빡 깎은 수행자를 만나 무엇 한다는 말인가?"
'그렇다면 함께 목욕 가자.'
하여 두 사람이 세면도구를 가지고 목욕을 가서
두세 번 똑같을 말로 권했으나
그는 끝까지 반대하다가
결국 그의 끌림에 이끌려가 법문을 듣고 출가하였다.

깟싸빠부처님의 말씀은 대단히 교훈적이고 격려적
이어서 그들의 마음을 즐겁게 하였기 때문이다.
그런데 그때 깟싸빠부처님은 가띠까라가 구족계를
받은 뒤 반 달 만에 바라나씨를 향해 유행을 떠나
이싸빠따나 미가다야에 계셨는데
그때 까씨국 끼끼왕이 소식을 듣고 찾아와
공양청을 하고 가 공양한 뒤 한여름 동안 안거를
그곳에서 지낼 것을 간청하였다.

그러나 깟싸빠부처님은
바라문 청년 가띠까라를 추천하였다.
'대왕이여, 여기 장님 부모를 둔 가띠까라가 있습니다.

그는 이미 삼보에 귀의하여 5계를 청정히 지키고
믿음이 확립하여 하루 한 때만 먹고
세상의 욕망을 떠난 지 오래 되었습니다.

오랜 세월 도공으로 눈먼 부모를 버리고 출가하였는데
그때 그가 도공으로 있을 때 어머니 아버지가
그릇 속의 밥을 수행자에게 보시했다는 말을 듣고
기뻐하고 저의 집이 비가 샌다는 말을 듣고
자신의 집 지붕을 뜯어 보시하고도
기쁜 마음에 젖어 희열을 느낀 일이 있습니다.

그 시자를 위해서 공양하시면
진실로 이 세상은 행복해 질 것입니다.'
하여 까씨국의 끼끼왕은 깟싸빠부처님께서 떠나신 뒤
가띠까라 비구에게 붉은 쌀과 조미료 5백 수레분을
보냈으나
가띠까라는 가난한 백성들을 위해 써 달라고 받지 않고
부모님과 함께 희열 속에서 수행한 일이 있다.
그때의 조띠빨라는 곧 나였다."
고 하였다.

82. 랏타빨라경(Ratthapala Sutta)

―불법을 듣고 출가한 릿타빨라―

부처님께서 꾸루국을 유행하시다가
툴라꿋티따 꾸루족 도시에 이르러 설법하셨다.

훌륭한 가문의 아들 랏티빨라가
출가하기를 희망하였다.
그러나 부처님은 부모님의 승낙이 없이는 안 된다 하여
집에 가서 부모님께 두세 번 청했으나 들어주기는커녕
그의 친구들에게 부탁하여 출가를 제지하였다.

이에 그는 땅에 엎드려 일어나지 않고
그대로 죽기를 맹세하므로
할 수 없이 출가를 허락해 주었다.

그러나 그의 집에서는 그날부터 어떤 출가자에
대해서도 공양을 대접하는 일이 없었으므로
릿타빨라가 자원하여 갔다가 밥을 얻지 못하고
지난 밤에 남은 죽을 얻어 성벽에 기대어 먹고 있었다.

음식을 버리러 가다가 랏타빨라에게 부어준 하녀가
와서 말하자 어머니 아버지가 찾아 만류하였으나
듣지 않자 집안으로 불러들려 공양하였다.
이에 랏타빨라는
그의 아내와 부모님 앞에서 노래불렀다.

보라 찬란한 영상을, 그것은 상처더미
질병, 욕망의 대상으로 오래 가지 못한다.
치장된 몸은 뼈와 가죽으로 덮여 있을 뿐
귀걸이 코걸이는 보석으로 아름답게 묶여 있네.

두발은 헤나염료로 장식하고 얼굴에 분을 발랐다.
어리석은 자는 속일 수 있어도
피안을 구하는 자는 속이지 못한다.

머리를 여덟 쪽으로 땋고 눈에는 연고를 발랐으나
어리석은 자는 속여도
피안을 구하는 자를 속일 수 없다.
마치 사냥꾼이 그물을 처 놓았으나 사슴이 걸리지 않자

사냥꾼은 울음을 터트렸고 사슴은 먹이만 먹고 가네.

집을 나온 랏타빨라는 꼬라비야서의 마가찌라
정원에 이르러 휴식을 취하고 있는데
이 소식을 들은 왕이 온갖 음식을 장만하여
관료들과 함께 찾아왔다.
이에 랏타빨라는 임금님의 질문을 받고
내면의 소망에 대하여 설했다.

"대왕이여, 이 세상에는 네 가지 상실이 있습니다.
첫째는 늙는 것이고
둘째는 질병이며
셋째는 재산이고
넷째는 친지입니다.

그러나 이것은 분명히 알고 보고 깨달은 님께서는
① 이미 불안정에서 벗어났고
② 피난처, 보호자로 벗어났으며
③ 나, 내 것에서 벗어났고

④ 불건전한 노예생활에서 벗어나 있습니다.

그래서 나는 집 있는 곳에서
집 없는 곳으로 출가하였습니다.
나는 보았습니다. 부유한 가운데 어리석은 사람은
재산이 있어도 보시할 줄 모르고,

탐욕스런 재산을 쌓아 두고도 점점
감각적 쾌락을 즐기는 것을,
왕은 땅을 폭력으로 정복하고,
목마른 사람들은 죽음을 무릅쓰고
욕망의 만족을 위해 싸웁니다.

이런 사람이 죽으면 친지들은 머리 풀고 통곡하지만
수의에 감긴 사람은 말없이 불에 탑니다.
불꼬챙이에 찔려 이리 저리 뒤적이나
누구 하나 대신하는 자는 보지 못했습니다.

상속자는 그 재산을 가져가고

사람은 그 행위를 따라 저 세상으로 가니
죽은 자에게는 재산도 소용이 없었습니다.
처자 권속도 마찬가지였습니다.

돈으로 수명을 누리지 못하고
재산으로 노쇠를 면할 수 없습니다.
인생은 짧고 무상하며

현자는 변하는 것을 원치 않습니다.
어리석은 자는 그 어리석음에 끌려 누웠으나
이런 사람은 죽음 속에서도
두려워하는 마음이 없습니다.

그러므로 지혜는 재산보다 귀해
생과 생을 통해 악행을 저지르지 않습니다.
모태에 들어 다른 곳으로 옮기나
태를 벗어날 기약이 없습니다.

마치 도둑이 강도에게 잡혀 몸부림치듯

또 다른 세계에 가서 노예가 됩니다.
감미롭고 즐거운 감각적 쾌락이
여러 가지 형색으로 나타나 유혹한다는 것을!
나는 그것을 보고 출가하였습니다.

마치 과일이 나무에서 떨어지듯
노소에 관계없이 떨어지는 것을 보고
나는 그것을 보고 출가했으니
수행자의 길을 막지 마소서."

83. 마카레바왕 경(Makadeva Sutta)
－머리에 새치를 보고 출가한 임금님－

부처님께서 미틸라시 마카데바숲에 계실 때
미소를 지으셨다.

"부처님, 어찌하여 미소를 지으십니까?"
"예전에 미탈라시 마가데바라는 왕이 있었는데
정법에 의하여 매달 8일, 15일 포살법회를 보았다.

이렇게 수백 수천 날 동안을 법회를 보다가
하루는 이발사에게 말했다.
"내 머리가 희어지거든 나에게 말하라."
"예, 그렇게 하겠습니다."

하였는데 하루는 머리를 보니 흰 머리가 나와 있었다.
"하늘의 사자가 나타났습니다."
"그렇다면 그 머리를 족집게로 뽑아라."
흰 머리가 뽑혀 손바닥에 놓이자

이발사에겐 한 마을을 하사하고
태자(큰 아들)를 불렀다.
"태자여, 하늘의 사자가 나타났다.
나는 하늘나라에 나아 갈 준비를 할 것이니
그대는 이 나라를 다스려라."

하고 머리를 깎고 가사를 입고 출가하며 말했다.
"너도 이때가 되면 자리를 물려주고 출가하라."

그가 출가한 후 자·비·희·사의 마음을
동서 사방으로 꽉 채우고 열반에 들었는데
지금도 그 집안은 새치가 나면 반드시
자리를 물려주고 출가하는 계율을 지키고 있다.

그때 왕 나미도 선조들과 같은 방법으로
왕위를 계승하고 하늘의 33천들이 초청하는 것도
불구하고 삭발염의하여 8정도를 실천,
가문의 일을 계승하였다.

단지 그의 아들 깔라라자나까가 출가하지 않아
그 빚이 깊어지게 되었다.
지금 내가 그대들에게 정해준 출가법도 그러하다.

사라지고 소멸하는 법을 없애고 고요하고 고요하여
곧 바로 열반에 이르는 8정도의 법을 따라
끊어지지 않게 상속하라.

84. 마두라 설법경(Madhura Sutta)
―법왕의 상속자가 된 아반띠뿟다왕―

부처님께서 마하깟짜나가 마두라시 군다숲에 계실 때
아반띠뿟다왕이 마두라 사람들에게 말했다.

"존자 마하깟짜나는 현명하고 지혜롭고
총명, 박학한 스님이니 그를 찾아 뵙도록 하라."
하고 수백 대의 수레에 권속들을 태우고 갔다.
"존자 낏짜나여,
하늘로부터 생겨난 사제는 어떤 사람입니까?"
"사제야말로 최상, 최고로 밝은 계급이고
청정한 하느님의 적자로 하늘의 상속자입니다.
그러나 이는 세속의 상속자이고
출세속의 상속자는 아닙니다.

아무리 훌륭한 평민이 대왕의 법을 잘 지킨다 하여도
왕족이 될 수 없는 것과 같습니다.
출가자에겐 4성계급이 없고, 5계와 10선을 지켜
대자대비한 마음이 우주에 꽉 차게 되어 있으니

그 자가 바로 세상을 복되게 만드는 자로
법왕의 상속자가 되는 것입니다."
"그러면 그 법은 누가 가르친 것입니까?"
"싯다르타가 출가하여 깨친 법입니다."
그 말을 들은 아반띠뿟따왕이 삼보에 귀의하여
불제자가 되었다.

85. 왕자 보디경(Bodhirajakumara Sutta)

—왕자 보디의 깨달음—

어느 때 부처님께서 박가국 쑹쑤마리기리시
베싸깔라숲 마가다야에 계실 때
왕자 보디가 꼬까나디라는 궁전을 짓고
바라문 청년 싼지까뿟따를 시켜
부처님을 청해 오시도록 하였다.

이에 여러 가지 음식을 장만하고
궁전을 아름답게 장식한 뒤 부처님을 모셔 공양하였다.
그리고 물었다.
"세존이시여, 세존께서는 어떻게 모든 것을 바로 보고
바로 아는 성자가 되셨습니까?"

"출가 후 여러 성자들을 만났으나
그들에 만족하지 못하고
그들이 가지고 있는 지식을 모두 꿰뚫어 보았고

그것에 만족할 수 없어서

마침내 보디가야에
이르러 신체적이고 감각적인 쾌락과 욕망에서 벗어나
해탈하였다.

물속에 던져진 나무는 습기가 있어
그 나무에 부싯돌로 불을 붙일 수 없고
마른 나무에 불을 붙여야 불이 난다는 것을 알았다.

그러므로 바른 지견과 깨달음은
이러한 고통과 행적만으로 이루어질 수 없다.
그래서 나는 노래 불렀다.

참으로 힘들게 성취한 진리를
왜 내가 지금 설해야 하나?
탐욕과 미움에 사로잡힌 이들은
이 진리를 잘 이해하기 어려운데

흐름을 거슬러 오묘하고 깊고 미세한
진리는 보기 어려운데

무명 속에 파묻힌 탐욕인들은 보기 어려운데.....

하고 망설이고 있을 때
하느님 싸함빠띠가 찾아와 말했다.
번뇌에 물든 자들을 위해서 마가다국에 태어났으니
불사의 문을 열어 청정한 깨달음을 듣게 하소서

산꼭대기 바위 위에 서서 주변을 둘러보듯이
진리의 천당에 올라 세상의 생·노·병·사를
정복하게 하소서.

그래서 나는 허락하였다.

"불사의 문은 열렸으니 귀가 있는 자들은 듣고
눈이 있는 자들은 보라."

그리고 생각해보니 그 동안 나를 가르쳐 주었던
알라라 깔라마, 우다까 라마뿟따 등이
모두 이 세상 사람이 아니었기 때문에

5비구들을 찾아갔다.

가다가 우빠까를 만났으나 인연이 닿지 않았다.

우빠까가 물었다.

"당신의 감관은 맑고 깨끗합니다.

무엇을 먹고 누구를 스승 삼아 공부하셨습니까?"

"나는 승리자요, 지혜로운 자이며,

어떤 것에도 오염되지 않아

목마른 사랑을 벗어난 해탈자다.

세상에는 나와 같은 자가 없고

누구에게 견줄만한 자도 없는데

누가 스승이 되겠는가.

나는 홀로 위대한 깨달음을 얻어

지혜의 수레를 굴리려고

까시성으로 가는 길이다."

하니 그는 고개를 갸우뚱하고 지나가 버렸다.

그 후 5비구를 만나서도

여러 가지 방편으로 깨달음을 얻게 하였다.
그러나 그 깨달음은 마치 코끼리를 길들이는 것처럼
믿음과 정근, 성실, 불건전한 악이 없고
지혜가 있다면 그는 곧 성취하게 된다."

"그렇습니다, 세존이시여.
저는 제가 어머니 뱃속에 들었을 때
어머니와 함께 부처님을 뵈온 적이 있고
또 태어나 포대기 속에 들어있을 때도
뵈온 적이 있습니다.

그러나 이제 다 커서 또 뵙게 되니
나는 부처님과 가르침, 스님들께 귀의하여
삼보를 호지하고 깨달음을 얻도록 노력하겠습니다."

86. 앙굴리말라경(Angulimala Sutta)
―살인귀 앙굴리말라의 귀의―

부처님께서 아나타삔디까 승원에 계실 때
빠쎄나디 영토에 흉적 앙구리말라가
사람들을 99명이나 죽여 손가락을 잘라
목에 걸고 다녔다.

마지막 한 사람만 죽이면 목적을 달성한다 하고
눈에 불을 켜고 있었는데,
뒤에는 그의 어머니가 따라오고
앞에서는 부처님께서 천천히 걸어갔다.

앙굴리말라가 소리쳤다.
"사문아, 게 섰거라."
큰 소리로 외치자 부처님께서 사랑스러운 말로 외쳤다.
"나는 언제나 서 있지만 그대가 서지 못하고 있구나."
이 소리를 들은 앙굴리말라는
그만 정신이 들어 칼을 던지고 엎드렸다.

"죽을 죄를 지었습니다."
"그대는 누구인가?"
"바라문의 제자 앙굴리말라입니다.
정오가 되기까지 사람 100명을 잡아 죽이면
성불한다 하여 스승의 말을 듣고 일을 저질렀습니다."

"소망이 무엇인가?"
"지금 당장 죽더라도 출가사문이 되어
성불하고 싶습니다."

그때 군인들이 에워싸자 부처님께서 말씀하셨다.
"이 살인귀를 부처님이 데리고 갔다하면
빠세나디 왕은 기뻐하리라."

그래서 부처님은 아힝싸카를 목욕시켜
승복을 입혀 수행승을 만들었다.
이튿날 아침밥을 얻으러 가니
한 장자가 나와서 말했다.

"저의 부인께서 어제부터 애기를 낳으려다가
살인귀가 나타났다는 말을 듣고 애기가 올라붙어
다 죽게 되었는데 살려주십시오.

스님은 보통 사람과 다르니 신통력을 발휘해 주십시오."
아힝싸카는 들고 간 발우를 땅에 놓고
그대로 뛰어 부처님께 나아가 물었다.
"부처님, 동리 한 아기 엄마가 곧 죽게 되었는데
어떻게 하면 살릴 수 있을 까요?"

"네가 그 집 앞에 나아가 卍자를 그리고,
큰 소리로 외쳐라.
'나는 이 세상에 태어난 이후로 사람을
한 사람도 죽인 일이 없으니
진실이면 애기를 바로 낳게 해 주십시오' 라고 말이다."

"부처님, 어제 제가 사람을 99명이나 죽였는데
어떻게 그런 거짓말을 합니까?"
"이 놈아, 네가 사람을 죽인 것은

세속인으로서 한 일이고
스님이 된 뒤에 사람을 죽인 일이 있느냐?"

"없습니다."
"그렇다면 그대로 가 외쳐라."
아힝싸카는 그대로 뛰어가 외치니 아기가 태어났다.

그 소문이 퍼지자 사람들이 몰려들었는데
와서 보니 자기 부모를 죽인 살인귀요,
형제자매를 죽인 사람이라
몽둥이로 치고 돌멩이를 던져
거의 죽게 되어 부처님 앞에 와서 말했다.

"부처님, 저는 살기를 원치 않고
죽기도 바라지 않습니다.
저는 곧 아라한과를 얻어
세 가지 밝은 지혜를 얻고 생사를 벗어났습니다."

빠쎄나디 왕이 와서 찬탄하였다.

"참으로 세상에서 보기 드문 일입니다.
어제의 살인귀가 오늘 활인의사가 되더니
하루 사이에 이렇게 무서운 악인이
그 자리에서 성불하였으니 말입니다."
부처님께서는 전생의 인연을 말씀하시고
아무리 악한 자도 한 생각만 벗어나면
누구나 성불할 수 있다 하였다.

"앙굴리말라는 전생에 청정태자로서
백성들의 초야권을 탈취하였다가 맞아 죽은 과보로
99명을 죽였기 때문에 그 과보로 다시
그들에게 맞아 죽은 것입니다."

87. 애생경(Piyajatika Sutta)

　―사랑이 미친병의 원인이다―

부처님께서 아나타삔디까 승원에 계실 때
외아들을 잃어버린 아버지가 실성하여
날마다 묘지에 와서 외쳤다.

"애기야, 어디에 있느냐.
네가 간 곳을 이야기 해 다오."
부처님께서 이 소식을 듣고 말씀하셨다.
"슬픔, 비탄, 고통, 근심, 절망은
사랑에서부터 시작된다."

사람들이 몰려들어 미친 소리를 한다고 야단을 치자
이들을 뿌리치고 도망가다가
도박꾼들을 만나 이야기하니
"그 말이야말로 진리다" 하였다.

이 소문이 금방 왕국에 퍼져
빠쎄나디왕이 듣고 말리 부인에게 이야기하니

말리부인이 말하였다.
"부처님 말씀이라면 틀림없을 것입니다"

"당신은 부처님 말씀이라면 무엇이든 옳다 하는군."
"스승과 제자가 한 마음이거든요.
내 진실을 묻기 위해 바라문 날리를 보내 보겠습니다."
날리 장자가 가서 부처님께 문안하고 물으니

"옛날 싸밧티시의 어떤 사람이 아버지와 아내를 잃고
미쳐 돌아다니면서 '내 남편 어디 있어요',
'내 아내 어디 있어요' 하고 울고 다녔다.
그 슬픔과 고통이 어디서부터 비롯되는가 생각해 보라.
생이 없으면 이별도 없을 것 아닌가.
그러므로 사랑이 슬픔과 고통의 씨앗이라고 한 것이다."

이 말이 다시 임금님 귀에 전해지자
"그렇다. 내가 샤카족 출신 바싸바를 사랑하여
비두우바다를 낳아 석가족을 멸망시킨 것도
결국 알고 보면 목마른 사랑 때문이다.

그러나 황후여, 그대는 나를 사랑하는가.
나는 당신을 사랑하는데!"
"그렇습니다. 나는 당신을 사랑하기 때문에
만약 당신의 신상에 변고가 생긴다면
나는 비탄에 빠질 것입니다."

"말리까여, 진실로 놀랄 일이다.
세상 사람들이 죽어도 좋다하고 사랑하는데
그 사랑 속에 이별과 슬픔이 있다는 것을
깨닫는 사람이 몇이나 되겠는가!"

88. 외투에 대한 경(Bahitika Sutta)

―빠쎄나디왕과 아난존자―

부처님께서 아니타삔디까 승원에 계실 때
아난다가 공양 후 뿝빠라마 미가라미뚜 강당으로 갔다.

마침 그때 국왕 빠쎄나디가 엑까뿐다리까가
코끼리를 타고 나가다가 존자 아난을 뵙고 청했다.
"시간이 있으시면 아찌라바띠 강까지
같이 가실 수 있겠습니까?"
"좋습니다."

그래서 빠쎄나디는 여러 대신들과 함께 강가에 이르러
아난다에게 스승의 예를 올리고 물었다.
"세존께서도 수행자 성직자들에게
비난받을 만한 일을 하십니까?"

"그렇지 않습니다.
부처님께서 어찌하여 악하고
불건전한 폭력적 행위를 하시겠습니까.

정신적이건 육체적이건
부처님은 고통을 초래할 만한 일을 하시지 않으며
비난 받지 않고 즐거워하는 일만 하시는 것으로 압니다.

그 같은 일은 스스로를 해치고
남도 해치게 되지만
즐거운 일은 나와 남을
모두 함께 즐거워 할 수 있기 때문입니다."

"참으로 고맙습니다.
만약 허락하신다면 코끼리고 말이고
마을이나, 사람 등 어느 것이든
원하는 대로 드리겠습니다."

"출가자는 아무 것도 소유하지 않게 되어 있으니
걱정하지 말고 떠나십시오."
빠세나다왕은 장차 세존께 이르러
아난존자의 말씀을 고하고 외투를 드리자

수행자들에게 말씀하셨다.

"수행자들이여, 꼬쌀라국왕 빠쎄나디는 행복하다."

89. 진실에 대한 장엄경(Dhammacetiya Sutta)
―빠쎄나디왕과 부처님―

부처님께서 싸끼야국 싸기야마을 메다흠빠에 계실 때
빠쎄나디왕이 일이 있어 싸끼야족 마을 낭가라까에
도착,
정원 구경을 하다가 부처님 생각을 하였다.

"이렇게 조용하고 쾌적한 곳에
세존을 모셨으면 얼마나 좋을까!
생각하고 거기서 3요자나나 떨어진 메다흠빠에 계신
부처님을 만나러 갔다.

대왕은 스님들이 시키는 대로
조용히 닫혀 있는 문을 두드려 세존을 뵈었다.
부처님은 놀랐다.
"대왕님께서 어떻게 행장(창, 칼)을 다 벗어 버리고
맨몸으로 이렇게 오셨습니까?"

"부처님의 제자들은 무기가 없어도

잘 화합하여 마치 물과 우유가 융합한 것 같습니다.
세상 사람들은 부모자식, 형제지간에도 싸우고
종족, 씨족끼리 싸움을 하고 있기 때문에
창, 칼이 필요하지만
승가 대중에게 있어서야 무슨 무기가 필요하겠습니까.

저는 그 동안 많은 이교도들을 만났습니다.
그러나 부처님 제자들처럼
맑고 깨끗하게 그리고 사랑스럽게
살아가는 것을 보지 못했습니다.
세존께서는 왕족이시고
나이도 저와 같고 똑같은 꼬살라인으로
이 나라에 훌륭한 보물이 계신다는 것은
참으로 행복한 일입니다."
하고 밤이 늦도록 이야기하다가 떠났다.

90. 깐나깟탈라경(Kannakatthala Sutta)

―빠쎄나디왕과 부처님의 대화―

부처님께서 꼬쌀라국 우중냐깐나
까탈라미가야에 계실 때
빠쎄나디왕이 아침식사 후 뵙겠다는 연락이 왔다.

과연 시간이 되자 빠쎄나디왕이 와서 인사하고
쏘마와 남매도 문안을 함께 했다.
그리고는 말했다.

"저는 수행자 고따마는 모든 것을 다 알고
보고 듣는다는 말을 들었는데
어떤 분들은 이 세상에서 완전하게 보는 이는 없다고
주장합니다. 합당한 말일까요?"

"그것은 나를 비방하는 말입니다.
누가 그런 말을 하였는지 불러 보십시오."
그래서 아까싸 가문의 바라문 싼자야를 불러 오게 하여
세존과의 문답을 한 뒤 다시 물었다.

"4성계급은 평등합니까?"
"믿음, 정근, 정직, 불악, 지혜가 있다면 평등합니다."
"그러나 세상에는 역시 불신, 다병, 간계, 나태,
무지가 만연합니다.

마치 나무에서 불이 날 때
마른 나무와 젖은 나무가 시간적 차이가 있듯
차이가 있을 뿐입니다."

그때 아난다가 장로 바두라바와 이야기하자
빠쎄나디가 칭찬하고 부처님께 물었다.
"하느님도 이 세상에 돌아올 수 있습니까?"

"해치는 마음이 있다면 돌아올 수 있지요."
그때 심부름 갔던 신하가 돌아왔다.
"대왕이여, 아까싸 가문의 바라문 싼자야가 왔습니다."

"그 동안 문답을 통해 모든 의심이 없어졌으니
저는 이만 물러가겠습니다."
대왕은 부처님께 고하고 길을 떠났다.

제5품 바라문품
(Brahmana-vagga)

91. 브라흐마유경(Brahmayu Sutta)
―위대한 바라문―

부처님께서 무역도시 비데하국(밧지)에서
유행하고 계실 때 브라흐마유란 바라문이
120세의 고령으로 살고 있었다.

3베다와 어휘, 주제, 음운, 어원론과 고전에 통달,
관용구, 문법, 철학에 능통하였다.
그는 제자 웃따라에게 명령하였다.

"과연 부처님이 그렇게 훌륭한 사람인지
알아보고 오너라."
"어떻게 알아봅니까?"

"32상 80종호를 갖추었으면 훌륭한 사람이다."

그래서 그는 7개월 동안 부처님을 따라 다니면서
관찰하였으나 마장지(馬藏脂)와 넓은 혀를 볼 수 없어
고민하자 부처님께서 이와 같은 고민을 아시고
보여주었다.

사실대로 말하자 바라문은 일어나
부처님 계신 쪽을 향을 절하고 삼보에 귀의하였다.
이 소식을 들은 여러 바라문들과 마유도
부처님께서 머무르고 계신 마카데비 망고 숲으로 가
인사드리고 물었다.

"32상의 위대한 상호를 갖추신 부처님이시여
마지막 두 가지 상을 보여 의심을 없애 주십시오."
"모든 것은 나에게 있으니 의심하지 마십시오.
알려지고 닦여지고 버려져야 할 것이
알려지고 닦여지고 버려졌으니
나는 진실로 깨달은 사람입니다."

"그렇다면 어떻게 바라문이 되고 베다를 통달해서
3명 6통을 얻어 완전한 해탈자가 됩니까?"
"전생의 일을 알고 하늘나라와 고통세계를 보고
태어남을 부셔 앎을 성취한 자, 이 사람이 해탈자입
니다.

또 탐욕에서 벗어나 청정을 알고 생사를 버리고
거룩한 삶을 완성한 자, 이 사람이 통달한 사람입니다."
브라흐마유가 외쳤다.
"존자시여, 저는 브라흐마유입니다."
"됐습니다. 그만 자리에 앉으시오."
하고 차례로 보시, 지계, 생천, 감각적 쾌락의 위험,
타락, 오염에서 벗어나는 방법을 설하시니

브라흐마유는 진리를 보고, 얻고, 알고 들어가
온갖 의혹에서 다 벗어났다.
"참으로 훌륭하십니다, 세존님.
가려진 것을 보여주시고, 넘어진 것을 일으켜 주시니
이제 삼보께 귀의한 제자가 되겠습니다."

하고 청공한 뒤 떠났다.

부처님은 이튿날 그의 청을 따라 대중과 함께 가서
7일동안 공양을 받고 비데하국을 떠나니
얼마 있지 않다가 바라문 브라흐마유는 죽어
천당에 태어났다가 그곳에서 완전한 열반에 들었다.

92. 쎌라경(Sela Sutta)

―쎌라 바라문의 깨달음―

부처님께서 앙굿따라빠 지방에서
1250명과 함께 유행하시다가
아빠나시에서 결발(結髮: 머리를 끌어올려 상투를
틀거나 쪽을 찜)고행자
대부호 깨니야를 만나 초대되었다.

처음에는 사양하였다가 세 번째 승낙하자
동료 바라문들을 동원하여 대대적인 잔치를 준비했다.
그때 3베다와 어휘, 의제, 음운, 어원, 고전설에 정통한
3백 바라문 청년들의 스승인 쎌라의 이 광경을 보고
부처님 계신 곳으로 찾아가 32상 80종호를
보고 노래 불렀다.

"당신은 완전한 몸이 뛰어나게 빛납니다.
용모는 금빛, 치아는 백설 좋은 집 자손이
위대한 특징을 갖추니 보기에도 좋습니다.

맑은 눈, 잘생긴 얼굴, 훤칠한 키, 단정한 모습
마치 태양처럼 빛납니다.
밝은 피부와 뛰어난 용모를 갖추신 세존이시여
삶에 만족하고 계십니까?

전륜성왕이 되어 정복자가 되었다면
세계를 지배할 위대한 승리자가 되었을 것입니다.
많은 왕족들의 충성을 선서 받으며
왕 중 왕으로서 세상을 통치하셨을 것입니다."

이에 부처님께서 답했다.
"쎌라여, 나는 진리의 수레바퀴를 굴리는 왕으로서
다시는 돌이킬 수 없는 수레를 타고 있습니다.
나는 알아야 할 것을 알았고 닦아야 할 것을 닦았으며
버려야 할 것을 버리고
깨달아야 할 것을 깨달았습니다.

그래서 어떠한 의혹도 가지지 않고 충만한 믿음과
올바른 깨달음을 얻은 싸리뿟따가 그 뒤를 계승하고

있으며 악마의 군대를 쳐부순
두려움 없는 사람들이 뒤를 따르고 있습니다."

"눈이 있는 자는 가서 보고 들어라.
화살을 뽑아버린 위대한 영웅이
사자처럼 숲속에서 포효한다.

악마의 군대를 때려 부순 성자께서
탁월한 지혜로 노래 하신다.
나는 이분에게 귀의하여 출가하리니
그대들은 뜻대로 알아서 하라."

3백 명의 제자들이 말했다.
"저희들도 출가하여 스승의 길을 따르겠아오니
방일하지 않고 헛되지 않도록 가르쳐 주시옵소서."

이렇게 하여 그들 사제간이 출가, 수계하자 때가 되어 1555명의 수행자들이 다 함께 제니야 바라문의 공양을 받고 이를 기쁘게 하는 노래를 불렀다.

"불공은 제사 가운데 으뜸이고
싸빗따는 베다 운율 가운데 으뜸이며
왕은 사람 가운데 으뜸이고
바다는 강 가운데 으뜸이다.

달은 뭇 별들 중 으뜸이고
태양은 모든 빛 가운데 으뜸이다.
공덕을 바라는 사람들은
부처님께 공양하고 스님들께 공양하라."

그 뒤 쎌라는 홀로 떨어져 공부하다가
부처님을 찾아 뵙고 노래하였다.

"눈있는 자이시여,
저는 부처님께 귀의 한지 오늘 여드레
이레 만에 길들고 여드레 만에 깨달으니
당신이 진짜 악마를 정복한 성자이시고
번뇌를 쳐부순 승자인 것을 알았습니다.

집착의 대상을 뛰어넘고 두려움의 공포를 버리고
사자처럼 유행하시는 어른이시여
저희 제자들도 차별 많은 계급심을 쳐 부수고
허공처럼 빈 마음으로 왕중왕 성중성께 예배드립니다."

93. 앗쌀라야나경(Assalayana Sutta)

―천재 앗쌀라야나와 부처님―

어느 때 부처님께서 아나타삔디까 승원에 계실 때
5백 명의 바라문들이 부처님께서
4성 평등법을 가르친다는 말을 듣고
16세 천재 앗쌀라야나를 데리고 가서
부처님께 질문하였다.

"부처님, 지금 이들 바라문이야말로
최상의 계급으로 하느님의 아들이 되어
하느님의 깨끗한 상속자가 된다 말하고 있는데
어떻게 생각하십니까?"

"바라문도 어머니 배속에서 태어났으며
요나, 깜보자와 같이 귀족으로 있다가
노예가 되기도 한다.
그런데 이들을 하느님의 자손이라 부를 수 있겠는가.

보라. 왕족도 생명을 죽이고 주지 않는 것을 빼앗고

바르지 못한 성행위를 하고, 거짓말하고 욕지거리하고
탐욕 부리고 성내고 살며, 평민, 노예들도
그렇게 살고 있는데 여기 어떻게
색다른 차별이 있겠는가."

"그렇습니다. 그들은 늙고 병들고 죽고
사람의 이별을 슬퍼하고 구해도 얻지 못하고
원수가 한데 모여 살면서 지지고 볶으며 삽니다."
"그런 사람이 죽은 뒤에 좋은 곳에 태어나겠는가?"
"현재에 고통이 많은 사람은 죽어서도
고통을 벗어나지 못하고
현재에 악한 사람은
역시 죽어서도 악도를 벗어나지 못할 것입니다."

"그러므로 바라문들도 거만을 부리지 말고
착한 일 하고 악을 저지르지 말아야
죽은 뒤에 하느님의 나라에 태어날게 아닌가.

그러나 삿싸라야나여,

다시는 죽음의 고통을 받지 않고
하느님의 지배에서도 지배당하지 않으려면
태어나지 말아야 한다.

그렇게 하려면 어떻게 해야 되겠는가.
삶의 종자(業)가 없어져야 한다."
"그렇습니다, 세존님.
오늘부터 저도 삼보에 귀의하여
성실한 불제자가 되겠습니다."

그리하여 500명의 바라문들도
모두 따라 불제자가 되었다.

94. 고따무카경(Ghotamukha Sutta)

―강당을 지어 바친 고따무카 바라문―

부처님께서 바라나씨시 케미암바숲에 계실 때
바라문 고따무카가 산책하러 갔다가
존자 우데나를 만났다.

"진리에 일치한 출가자의 삶이란 없다고 들었는데
그것은 내가 그대와 같은 이를 본 적이 없거나
세상에서 그 진리를 본 일이 없기 때문인 것 같습니다."

"세상에는 스스로를 괴롭히고 수행하는 자가 있고,
자신은 괴롭지 않으면서
남을 괴롭히며 수행하는 자가 있고,
나와 남을 함께 괴롭게 하면서 수행하는 자가 있고,
자타를 함께 괴롭히지 않고 수행하는 사람도 있습니다.

어떤 사람이 가장 마음에 듭니까?"
"그거야 자타를 함께 괴롭히지 않고
공부하는 사람이지요.

그런 사람은 보석과 귀걸이, 처자식에 탐착하지 않고
노비나 전답, 대지, 황금, 은을 구하지 않습니다."

"그렇습니다. 탐욕을 버리고 열반에 들어 청량하고
행복을 경험하는 거룩한 존재로서
스스로 지내는 사람이 고귀한 사람입니다.
이런 사람이 세상에 많을수록
세상은 평온하고 안정됩니다.

하루에 한 번 식사하고 옷은 몸을 보호하는 것으로
만족하고 시각, 청각, 후각, 미각, 촉각,
정신에 탐욕, 해태,
흥분, 의심을 버리고 감각적 쾌락과 사유의 숙고로써
희열까지도 버린 사람, 이런 사람이 많을수록
세상은 평온하고 안전합니다."

"존자여, 참으로 훌륭하십니다.
내 지금 존자님께 500까하빠나를 보시하겠습니다."
"아닙니다. 불교 수행자는 금전을 소유하지 않습니다."

"그렇다면 내 스님을 위해서
절을 하나 지어드리겠습니다."

"진정으로 그러한 생각이 있으시다면
빠딸리뿟따에 있는 승단을 위해
강당을 하나 지어 주십시오."
하여 강당을 지어 모든 수행자들을 기쁘게 하였다.

95. 짱끼경(Canla Sutta)

─짱끼바라문의 귀의─

부처님께서 꼬쌀라국 아빠싸타 바라문 마을에
유행하실 때 짱끼바라문이 그 마을을 다스리고 있었다.
오빠싸다 사람들이 소문을 듣고
북쪽 싸라나무 데바숲으로 몰려갔다.

이때 짱끼는 그의 높은 루에 올라가 휴식하다가
이 광경을 보고 물었다.
"웬 사람들이 저렇게 몰려가는가?"
"고따마 부처님을 뵙고자 간다고 합니다."
"그렇다면 오빠싸나 마을 바라문 장자들께 알리시오.
나도 그를 뵙고자 한다고……."

그때 외국에서 500명의 바라문들이 길을 지나가다가
오빠싸나 마을에서 잠깐 볼 일이 있어 들렸다가
짱끼에게 말했다.

"가지 마십시오. 그가 바라문께 오도록 하십시오.

존자는 큰 부자이고 3베다의 권위자가 아닙니까.
위신이 있지 어떻게 떠돌이 수행자를
뵙고자 간다 하십니까?"
"존자들이여,
그는 7대의 혈통이 깨끗한 왕족출신이고
큰 부자였습니다. 그는 스승 가운데 스승으로
많은 하느님들의 귀의를 받았습니다."
그런데 그때 16세 건장한 바라문 청년
까빠티까가 물었다.

"옛 사람들의 경전 말씀은 진리이고
그 외에는 진리가 아니라 하는데 어떻게 생각하십니까?"
"옛 사람들의 가르침을 직접 보고 알고 깨닫고
이것은 진리다, 아니다 말하는 사람들이 있습니까?"
"없습니다."
"그렇다면 그것은 남의 말만 믿었지
자기가 직접 확인한 것이 아니지 않습니까.
적어도 진리라고 하는 것은
확신을 통해 취향을 전승하고

받아들여 수호하여야 하는 것입니다."

"그렇다면 그 깨달음이라는 것은 어떻게 이루어집니까?"
"우선 탐욕, 성냄, 어리석음의 상태에서 벗어나
성취되기 시작합니다. 자세히 자기 삶을 관찰하고
부지런히 노력하면 의욕이 생겨
깊이 그 의미를 되새기고
가르침에 대한 말씀을 듣고 존중하게 됩니다."

"부처님, 저는 옛날 빡빡 깎은 수행자는
천한 노예와 다를 것이 없다 생각했습니다.
하느님의 다리에서 난 사람들이기 때문입니다.
그런데 오늘 부처님 말씀을 듣고 보니
똑 같은 원리에 의해서 태어난 사람들이
집안들의 교육과 환경 따라 달라졌다는 것을
알게 되었습니다. 감사합니다."

96. 에쑤까리경(Esukai Sutta)

  −평등과 차별의 원리−

부처님께서 아나타삔디까 승원에 계실 때
바라문 에쑤까리가 물었다.

"바라문은 바라문에 대한 봉사, 왕족과 평민,
노예에 대한 봉사를 가르칩니다.
그런데 세존께서는 무엇을 가르치십니까?"

"그러면 이 네 종류의 인생들이
바라문들의 봉사를 이의없이 받아들입니까?"
그래서 나는 타고난 종족이나 외모, 명예를 가지고
사람들을 업신여기고 모욕하는 것을
좋아하지 않습니다.

스스로 사랑하고 남도 사랑하면서
계율을 잘 지키고 희생, 봉사하는 일을
가르치고 있습니다.

바라문이고 왕족이고 평민이고 노예고
사람은 절대 평등합니다.
물론 거기에 배워 익힌 인격의 차이점은 있지만
본래 인간인 것은 똑 같습니다.
평등한 마음으로 사랑하고 존경하고 아끼는 것을
나는 가르치고 있습니다."

97. 다난자니경(Dhanjani Sutta)

―왕을 빙자한 다닌자니 바라문―

부처님께서 라자가하 벨루숲
깔란다까니바빠에 계실 때
싸리뿟따가 낙끼나기리를 유행하다
아는 수행승을 만났다.
"세존과 수행승들께서는 잘 지내십니까?"

"건강하시고 잘 정진하고 있습니다.
단지 스님의 친구 바라문 다닌자니가
왕을 빙자하여 바라문과 왕족들을 약탈하고 있습니다.

그의 부인도 그 집으로 시집오면서부터는
믿음이 없어졌습니다."
"정말 좋지 않은 소식이군요.
내 장차 그를 만나면 충고하겠습니다."

하고 깔란다까로 돌아와 그를 찾아갔다.
마침 그는 우유를 짜다가 싸리뿟따를 보고

생우유를 짜서 대접하였다.

"나는 이미 아침 공양을 하였으니 필요없습니다.
나는 저 나무 밑에 앉아 잠시 동안 쉴터이니
일을 마치거든 그리로 오십시오."

다닌자니가 일을 마치고 오자 물었다.
"다닌자니여, 그대는 열심히 정진하는가?"
"부모, 처자, 하인, 노비, 친구, 동료들을 살피다 보니
정진할 틈이 없네."

"다닌다니여, 어떻게 생각하는가?
부모, 형제 때문에 법을 어기고,
친구, 동료 때문에 법 아닌 짓을 하면서
정진하지 않는다면 그들이 본대로 받아들이겠는가?

부모, 처자, 권속, 임금님,
관리들을 위해 죄를 짓는다면
염라대왕은 결코 그를 용서하지 아니 할 것이다.

조상을 핑계하고 신을 핑계하여 자신의 공부를
소홀히 한다면 조상도 신도 좋아하지 않을 것이다."

다닌자니는 그 길로 돌아 와 큰 병이 들어 죽게 되었다.
하인을 시켜 부처님과 싸리뿟따에게 문안 드려 줄 것을
부탁하자 하인이 알리니 싸리뿟따가 왔다.

"어찌 참고 견딜 만한가?"
"싸리뿟따여, 참고 견디기 힘드네. 날카로운 칼끝이
머리를 쪼개는 것 같고 단단한 허리띠로 머리를
조이는 것 같으며 백정들이 배를 칼로 갈라 숯불에
구워내는 것 같네."

"그래도 그것은 지옥, 아귀, 축생의 생활보다는 낫네.
그대는 이제 이 세상의 죄업을
그렇게 뉘우치고 회개하고
가게 되었으니 다음 세상에서는
반드시 평화가 있으리라.

그대 마음을 중생을 위해 사랑스럽고 어여삐 여기는 마음으로 희사하게. 그리하면 온 세계가 기뻐하리라."
"천당에 가는 길은?"

"5계를 지키면 인간의 몸을 얻고, 10선을 행하면 반드시 천당에 태어나게 되니 걱정하지 말고 단 하루라도 5계와 10선을 지키고 마음을 관찰하도록 하게."
싸리뿟따는 그 길로 부처님께 와서 다닌자나의 이야기를 하고 그 대신 문안을 드려주었다.
부처님께서 이 말씀을 듣고 안타까워하였다.
"다닌자나는 아직도 할 일이 남이 있는데
낮은 세계 천당을 향해 떠났구나."

98. 바쎗타경(Vasettha Sutta)

―위대한 바라문들의 귀의―

부처님께서 잇차낭갈라 바라문숲에 계실 때
명망있는 바라문 바쎗타가 찾아 왔다.

그는 바라문 짱끼, 따룩카, 뽁까라싸띠, 자눗쏘니,
또데이야 등 명망있는 부유한 바라문들과
좋은 친구가 되어 있었다.

그때 바쎗태가 바라드라자와 바라문 청년들과
산책하며
놀다가 바라문에 대한 논쟁이 벌어져 두 사람만으로는
해결할 수 없으므로 부처님께 찾아갔다.

"부처님, 저희들은 3베다에 정통하고
어원학, 문법학에
밝은 뽁까리싸띠, 따룩카의 제자로서 출생과 태생,
행위에 바라문이 있다고 다투다가 여기 왔사오니
가르쳐 주십시오."

"풀과 나무는 태어나면서부터 다르고

여러 가지 곤충들도 크고 작은 것,

두 발 달리고, 네 발 달린 것,

길고 짧고, 물에 살고,

육지에 사는 차이가 있다.

그러나 사람은 그러한 특징보다도 머리카락,

눈, 귀, 코, 혀, 몸을 가진 것이 똑 같고

목, 배, 어깨, 손, 발 가진 것도 똑같다.

단지 농사를 지으며 가축을 기르면 농축산업인이고,

기술로 살면 장인이고,

장사로 살면 상인이고,

공부로 살면 바라문이다.

이와 같이 하는 직업을 따라 다소는 달라도

먹고 입고 사는 것은 하등 차이가 없지 않는가.

그렇다면 여기서 차별성을 찾을 필요가 없지 않겠는가?

왜냐하면 사람은 식물과 동물, 심지어는 무생물까지도

의지해서 신세를 지고 살고 있기 때문이다."

"참으로 훌륭하십니다.
깨치고 깨치지 못한 사람들을 위하여
이렇게까지 세밀히 가르쳐 주시니
오늘부터 부처님을 스승삼아
계를 잘 지키고 살겠습니다."

99. 쑤바경(Subha Sutta)

―자발심 수행자들―

부처님께서 아나타삔디까 승원에 계실 때
바라문 또데이야의 아들 쑤바가 찾아와 물었다.

"세존이시여, 바라문은 재가자의 바른 길,
착한 길을 가르치는데
출가자에게는 대체 무엇을 가르치십니까?"

"불교에서는 원래 출가와 재가를 논하지 않고
바른 길 착한 길을 걸어가면 사람들은 모두 칭찬한다.
누구나 그 길로 가면
건전한 사람이 될 수 있기 때문이다."

"거기에는 다과(多寡)의 차이가 있는데요.
세속 사람들은 많은 일을 해야 하고
출가스님들은 노동을 하지 않는데요."

"물론 농부가 많은 일을 해도

흉년이 들면 거두어들이는 것이 적듯이
출가 수행자도 노력 여하에 따라
공부 하는 가운데서도
깨달음이 크고 작음의 차이가 있다.

세상 사람들은 대개 물질적 풍요를 중심으로
성패를 가리지만 출가자들은 성찰의 심천에 의해서
공부를 가늠한다.

말하자면
① 감각적 쾌락과 욕망에 대한 장애
② 분노의 장애
③ 해태와 혼침
④ 흥분과 회한
⑤ 의심의 장애

여기 시각, 청각, 후각, 미각, 촉각과
생각에 대한 분별까지도 가려내고
내 마음속으로 생각하는 생각까지도

분별해 낼 수 있다면 그는 생각이 깊은 사람이다."

그때 바라문 자눗쏘니가 흰 옷을 입고
백마를 타고 부처님을 뵙기 위해서 왔다가
쑤바의 행복한 마음을 보고 집으로 돌아갔다.

100. 쌍까라바경(Sangarava Sutta)

―불법의 특징―

부처님께서 꼬살라국에 유행하고 있을 때
바라문 다난자니가 목욕하고
세 번 찬탄하는 말을 하였다.

"사랑과 존경을 받는 분, 거룩한 분,
올바로 깨달은 분께 귀의합니다."
그런데 그때 3베다와 어휘, 음운, 의궤, 고전,
관용구, 문법, 철학, 관상학에 능한
청년 쌍가라바가 듣고 말했다.

"이 비천한 여인아, 어디 찬탄할 데가 없어서
머리 빡빡깎은 사람들을 찬탄하느냐!"
"존자여, 그대는 그를 업신여기면 안 됩니다.
청정한 계행과 밝은 지혜는 누구도 따라가지 못합니다."

"그렇다면 그가 짠달라깝빠 마을에 이르면
나에게 일러 주시오."

그 후 부처님께서 짠달라깝빠 마을
또데이야 망고 숲에 계실 때 일러 주니 가서 물었다.

"어떤 수행자나 성직자들이 깨달음에 이른다면
어떤 기준을 가지고 가르칩니까?"
"사람마다 다르지요. 전승을 중시하는 사람이 있고,
믿음을 기준으로 하는 자가 있으며,
앎을 중심으로 하는 자가 있습니다.

그래서 나는 알라라 깔라마와 라마뿟따를 거쳐
독립적으로 수행하였고
거기서 5신통을 얻어 해탈하였습니다."

"그렇습니다. 전승을 중요시 하는 것은 바라문이고,
믿음을 중요시 하는 것은 사상가들입니다.
그런데 독립적인 깨달음을 통해서 확실하게 알고 보아
깨끗한 삶을 지탱하는 것이 불법인 것 같습니다."

"그렇습니다. 불법은 신이 있다 없다,

알았다 몰랐다 하는 것을 중요시하지 않습니다.
스스로 보고 깨달으면 알 것이기 때문입니다.

그리고 남을 욕하지도 않고 업신여기지도 않습니다.
단지 알지 못한 사람들이 알았다고 한다든지,
알면서 가르쳐 주지 않는 자가 있다면
그 사람이야 말로 이 세상에서
가장 불쌍한 사람이라 생각하고 어여삐 여깁니다."
"부처님 저는 불교를 많이 오해하고 있었습니다.
제가 알고 있는 범위 내에서 남을 비방하고
업신여겼던 것을 진심으로 참회하오니 어여삐 여겨
받아 주십시오.
오늘부터 저는 불자가 되겠습니다."
하고 3귀 5계를 받고 떠났다.

후반 50편

제1품 데바다하 품
(Devadah-vagga)

101. 데바다하경(Devadaha Sutta)

―독화살의 비유―

부처님께서 싸끼야국 데바다하에 계실 때
수행승들에게 말씀하셨다.

"어떤 수행자나 성직자는
세상의 고락성쇠는 전생의 업에 기인하므로
그 업을 통해 미래에 영향을 주지 말아야 한다.
왜냐하면 그들은 우선 전생이 있는지 없는지도
확실히 알지 못하고 있으며
어떻게 악업이 형성되고 저질러졌다는 것을
확실히 알지 못하면서도 그러한 주장을 하기 때문이다.

마치 독화살을 맞은 사람이 독화살을 먼저 뽑고
치료한 후에 생각해도 될 일을
이 화살은 누가 쏘았으며 무엇으로 만들어 졌는가
생각하다가 그만 죽게 되는 것과 같다."

그때 니칸타 나따뿟따가 말했다.
"나는 분명히 과거를 보고
그때 무슨 일을 저질렀는지 다 안다.
그러므로 그것을 파괴하기 위해서는
신·구·의 3업으로 고행을 통해
정신적으로 막아내야 한다."

그러자 부처님께서 다시 말씀하셨다.
"믿음, 취향, 전승, 상태에 대한 분석,
견해에 대한 이해를 가지고
지독한 정진과 노력을 아프고 찌를 듯한 느낌으로
체험해야 한다.

그래서 그 가운데 어둡고 캄캄한 생각을 파악하여야

하고

다시는 그러한 업을 짓지 말아야 한다.

만일 그러한 업을 경험하고 뼈아픈 느낌을 느끼는 자나

주재자, 창조적 운명, 태생, 노력, 행위 때문에

나타난다고 주장하는 사람은

모두가 바른 견해를 가진 사람이라고 할 수 없다.

왜냐하면 모든 것은 한 생각 속에서 결정되기 때문이다."

"그렇습니다, 세존님.

남자는 남자 생각, 여자는 여자 생각 때문에

그러한 생각을 가지고 있으므로

저희들은 보고, 듣고, 깨닫는 것을 통해

그 마음을 성찰하고 탐욕과 악의, 해태와 혼침,

흥분과 회한, 의심을 풀어가고 있습니다.

마음에 번뇌가 없으면 온갖 두려움과 공포가

사라질 것이기 때문입니다."

102. 다섯과 셋 경(Pancattaya Sutta)

—각가지 견해 때문에 평등과 차별을 고집하는 사람—

부처님께서 싸끼야국 데바다하에 계실 때
수행승들에게 말했다.
"어떤 사람은 미래에 대한 사변 때문에
갖가지 교리를 주장, 자아가 지각 속에서
미래에 되살아나고 죽어도 없어지지 않으며
손상되지 않는다고 주장하면서
존재의 단멸, 파멸, 절멸, 열반을 주장한다.

그리고 그런 사람들 가운데서도 한량없고 동요없고
의식없는 세계가 곧 자아의 세계라 주장한다.
그리고 그 손상되지 않은 것은 물질적인 것과
비물질적인 것, 물질적이면서도 비물질적인 것으로서
변하지 않는다 하는데 그 가운데서도 미세 원소가
바로 그것이라고 주장하는 사람도 있다.

그러나 그 같은 생각은 질병이고 종양이며 확산이다.
그러므로 수행자는 그 같은 사변이나 논리에

이끌리지 말고 직접 체험을 통해
그 같은 논리를 초월하여야 한다.
왜냐하면 세계는 본래부터 스스로가 자아라 한다든지
세계라 하는 생각이 없이 인연따라 모였다
흩어지고(離合集散) 있기 때문이다."

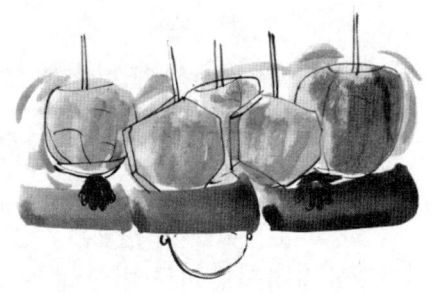

103. 무엇 경(Kinti Sutta)

―평등과 차별의 개념―

부처님께서 꾸시나라 비히하라나 숲에 계실 때
수행승들에게 말했다.

"그대들은 나에 관해 어떻게 생각하는가?"
"저희들은 부처님께서 먹는 것, 입는 것,
자는 처소를 위해서 가르침을 설한다고 생각하지 않고
오직 저희들을 위해 자비를 베풀고 계신다고
생각하고 있습니다."

"그렇다면 그대들도 내가 몸소 깨달은
여러 가지 새김과 올바른 노력, 신통과
다섯 가지 능력과 힘, 일곱 가지 깨달음,
여덟 가지 고귀한 길에 관하여
모두 화합하고 기뻐하며 다툼 없이 배워야 할 것이다.

만약 털끝만큼이라도 주장을 달리하고
화합하지 못한다면 나의 제자라고 할 수 없다.

그런데 만약 계를 어겨 다른 사람들을 분노하게 하고 증오하면 나의 제자로 부를 수 있겠는가."

104. 싸마가마 마을경(Samagama Sutta)

―육화경행의 철학―

부처님께서 싸끼야국 싸마가마 마을에 계실 때
니간타 나타뿟따가 목숨을 다했다.

그가 죽자 그의 제자들은 두 패로 나누어
입에 거품을 물고 말다툼하고 싸웠다.
"나는 이 같은 계율을 잘 알고 있는데
너는 그것을 잘 알고 있는가?

너는 앞에 설해야 할 것을 뒤에 설하고
뒤에 설할 것을 앞에 설하고 있다."

흰 옷을 입고 이렇게 싸움을 하였기 때문에
사람들은 혐오하고 기피하였다.
그때 새내기 수행승 쭌다가 빠바시에서
여름 안거를 마치고 싸마까마로 아난다를 찾아와서
이 같은 사실을 알리자 아난다가 말했다.

"그렇다면 이 사실을
우리의 스승 부처님께 알려드려야 하겠다."
하고 부처님께 말씀드리니
여섯 가지 서로 존경하고 사랑하고
화합하는 법을 설하셨다.

첫째는 함께 계를 지키며 서로 화쟁(戒和諍)해야 한다.
둘째는 같은 견해로 살면서 서로 화쟁(見和諍)해야 한다.
셋째는 같은 행을 하며 화쟁(行和諍)해야 한다.
넷째는 몸을 사랑스럽게 화쟁(身和諍)해야 한다.
다섯째는 입도 사랑스럽게 화쟁(口和靜)해야 한다.
여섯째는 뜻도 사랑스럽게 행하며 화쟁(意和諍)해야 한다.
이렇게 하여 악한 다툼의 뿌리를 제거하면
다시는 모든 악이 생겨나지 않을 것이다.

또 네 가지 다툼에 대하여 설하셨다.
첫째 논쟁으로 인한 다툼
둘째 고발로 인한 다툼

셋째 범죄로 인한 다툼

넷째 절차로 인한 다툼

이미 생겨난 것을 더 이상 생겨나지 않게 하고
일어나지 않은 다툼을 일으켜서는 안 된다.
그렇게 하려면 다음 일곱 가지를 기준 삼아야 한다.

① 쟁론자를 대중 앞에 세워놓고 시비를 판단한다.
② 범한 허물을 기억시켜 시비를 판단하라.
③ 정신이상이 생겼을 때 저지른 일은 논하지 않는다.
④ 자기 죄를 고백시켜 죄로 다스려라.
⑤ 쟁론이 계속되면 다수결로 결정하라.
⑥ 자백하지 아니할 때는 자백할 때까지 기다려라.
⑦ 파쟁이 있을 때는 그 대표자를 뽑아 풀로 진흙땅
   을 덮은 것 같이 하라.

이렇게 해서 사랑과 존경을 낳고
협조, 평화, 조화, 일치로 대중을 이끌어 나가라.
이것이 오랜 세월 번영과 행복을 이끌어 나가는 길이다."

105. 쑤낙깟따경(Sunakkatta Sutta)
─후배양성의 길잡이─

부처님께서 베쌀리시 마하숲 꾸따가라 강당에 계실 때
수행승들이 선언하였다.

"우리들은 태어남을 부수고 청정한 삶을 이루었다.
해야 할 일을 다 마치고 더 이상
윤회하는 일이 없을 것이다."

이 말을 릿차비족 쑤낙캇타가 듣고
부처님께 가서 물었다.
"부처님, 이는 수행승들이
자신을 과대평가 한 것이 아닙니까?"

"자신있게 청정한 삶을 실천하는 이도 있고
과대평가한 사람도 있지만
그래도 나는 그들에게 가르침을 포기하지 않는다."

"어떻게 가르치십니까?"

"다섯 가지 감각적 쾌락(눈·귀·코·혀·몸)에
욕망이 남아 있는가를 보고 더 나아가서
정신적 통일을 이루고 있는가를 살핀다.

나는 '갈애는 화살이고 무명은 해독이라' 하면서도
그 화살에 맞고 해독에 찔리는 사람도 더러 있다.
그러나 그 화살을 독이 퍼지기 전에 뽑아주고
무명을 밝혀주면 더 이상 고통을 당하지 않고
해탈하는 사람도 있다.

대부분의 수행승들은 계율을 생명수로
무명을 등불로 삼는 사람들이다.
그러니 그들의 선언을 의심하지 말고
그들의 선언을 판단할 수 있는 능력을 갖추어라.

설사 그 능력을 갖춘다 하더라도
그들을 망신시키지 말고
더욱 분발하여 공부할 수 있도록
격려하여야 할 것이다."

106. 동요를 여읜 경(Anenjasappaya Sutta)

—불사의 길에 나아가는 길—

부처님께서 꾸루국 깜맛싸담마라시에 계실 때 수행승들에게 말했다.

"감각적 쾌락에 대한 욕망은 무상하고
공허하며 허망하다.
어리석은 자의 말은 환상에 불과하다.
그는 내세에 반드시 악마의 영토에서
악마의 먹이가 되어 악마의 사냥터를
배회하게 될 것이다.

거기서도 그들은 탐욕, 분노, 자만 등
불건전한 정신적 상태에서 벗어나지 못하고
공허 속에 허덕이게 될 것이다.
그러므로 수행자들은 마땅히 숲속이나
빈집 속에 들어가 이 같은 것을 반성하고
거기에 이끌리지 않도록 노력하여야 한다."
그때 아난존자가 물었다.

"어떤 사람이 열반을 얻을 수 있고
완전한 열반을 실천할 수 있습니까?"
"첫째는 인연의 도리를 확실하게 깨달아야 하고,
다음에는 그 속의 집착에서 벗어나야 한다.
집착에 사로잡힌 수행승은 완전한 열반을 얻지 못한다."
아난다는 이 법문을 듣고 불사(不死)의 길에 나아갔다.

107. 가나까 목가라나경
(Ganakamoggallana Sutta)
―개적인 신통력과 성숙한 신통력―

부처님께서 싸밧티시 뿝빠라마(東園)
비가라마뚜 강당에 계실 때
가나까 목갈라나가 물었다.

"세존이시여, 이 강당에서 단계적으로 배우고
실천한 사람들은 많은 발전이 있는 것으로 압니다.
활 쏘는 사람이 단계적으로 배우듯이
불법에도 배움의 단계가 있으며
계율도 단계가 있습니까?"

"가능하다. 현명한 조련사가 우량한 말을
성질을 내고 가르치듯
여래도 사람을 근기 따라 가르친다.

먼저는 계율로 항복하여 수호하고 지켜
행동규범을 완성하도록 가르치고

다음에는 사소한 잘못도 보고
두려워하는 것을 가르친다.

그러니까 먼저 시·청·각 교육을 통하여
물질적, 정신적 안정을 얻게 한 뒤에
감각적 능력을 수호하게 하기 위해서
식사의 양을 조절하게 하고,

낮에는 경행 좌선으로 마음에 장애를 없게 하며,
밤중에는 사자처럼 옆구리를 옆으로 뉘어
단잠을 자게 한다.

이렇게 매일 훈련된 수행승은 혼자 있어도
이상이 생기지 않는다.
숲속이나 동굴, 묘지 등에 나아가
탐욕과 원한, 회한, 의심을 끊고
지혜를 나타내 보라.

무엇이 옳고 그른지 깊은

사유와 숙고를 통하여 정신통일을 이루고
기쁨 속에서 저절로 괴로움이 없어지도록 지도하여
초선, 2선 3선 4선을 차례로 성취하게 하고

거기서 다시 익숙해지면
누가 가르치지 않아도 자기의 눈이 열려
하늘과 땅 모든 것을 자유자재로 보는 천안통을 얻고
온갖 소리를 들어도 이끌리지 않는 천이통을 얻으며,
다른 사람의 마음을 이해하는 타심통,
전생의 일을 아는 숙명통을 얻게 될 것이다."

그러나 이렇게 하나씩 얻은 것이
때로는 스스로 없어져 버리는
경우가 있기 때문에
이들을 구족하여 다시는 상실하지 않는
신족통을 얻어야 된다고 하였다.

108. 고빠까 목갈라나경
(Gopakamoggallana Sutta)

―길 떠난 부처님을 생각하며―

부처님께서 열반에 드신 뒤 얼마 있지 않다가
라자가하시 벨루숲에서 마가다국 베데히의 아들
아자따싸뚜왕이 삐좃따왕을 의심하여
라자가하를 요새화하였다.

그때 아난다가 탁발시간이 되어 시내로 들어갔다가
너무 시간이 일러
고빠까 목가라나가 있는 곳으로 가서 인사하였다.

"어서 오십시오, 아난다님.
제자들 가운데 고따마처럼
깨달은 사람이 한사람이라도 있습니까?"

"없습니다. 왜냐하면 세존께서는
일어나지 않는 길을 일으켰으며
생겨나지 않는 길을 생겨나게 하였으며,

선포하지 않은 것을 선포하였기 때문입니다.

그는 분명 아는 분이었고
길을 발견하여 통달한 분이었습니다."

그때 마가다국 대신 밧싸까라가
공사를 감독하기 위해 왔다가 아난다에게 물었다.
"지금 여기 앉아서 무슨 이야기를 주고 받았습니까?
부처님께서 열반에 드신 뒤
귀의처가 되고 피난처가 되는 것은 무엇입니까?"

"부처님께서 가르친 법을 귀의처로 알고 있습니다.

① 가르친 계율을 지키고
② 배운 대로 지키고
③ 옷과 음식은 처소에 맞도록 하고
④ 4선정을 닦고
⑤ 신통력을 체험하고
⑥ 하늘 소리를 듣고

⑦ 탐진치 3독의 마음을 없애고
⑧ 전생의 일을 기억하고
⑨ 청정한 하늘 눈을 관찰하고
⑩ 번뇌를 부수어 마음에 해탈을 얻는 것입니다."

그때 밧싸까라는 우빠난다 장군에게 말했다.
"장군님, 존경해야 할 사람은 존경하고
공양, 예배해야 할 사람은 공양, 예배해야 합니다.

아난다 존자는 예배의 대상이 됩니다.
존자여, 당신은 지금 어디에 계십니까?"
"벨루숲에서 지내고 있습니다."

"나도 옛날 부처님께서 그 곳에 계실 때
그 곳에 가 명상에 관한 법문을 들은 일이 있습니다.
부처님께서는 감각적 쾌락, 분노, 혼침, 흥분, 회한,
의심을 경계하라 하셨습니다."

"그렇습니다. 부처님께서는 감각적 쾌락에 대한 욕

망을
여의고 사유를 숙고한 뒤 희열까지도 여의고
새김을 확립, 즐거움과 괴로움을 버리라고 했습니다."
기쁜 마음으로 대신이 떠나자

바라문 고빠까 목갈라나가 말했다.
"그렇다면 우리의 대화도 끝내도록 합시다."
"예, 이 세상에서는 부처님과 같이 완전한
깨달음을 통하여 모든 것을
확실히 알고, 보고, 행하면 길이 있습니다."
하고 길을 떠났다.

109. 보름날 밤의 큰경(Mahapunnama Sutta)

―나, 내것에 관한 생각―

부처님께서 싸밧티시 뿝빠라마
마가라마뚜 강당에 계실 때
15일 포살일이 되어 대중 스님들께 에워싸여 있었다.

그때 한 수행승이 자리에서 일어나 절하고 물었다.
"세존이시여, 5온의 집착 다발은 있는 것입니까?"
"있다."
"그것은 무엇을 뿌리로 하고 있습니까?"
"욕망을 뿌리로 삼고 있다."

"그러면 그 욕망과 집착 다발이 같습니까, 다릅니까?"
"같지도 않고 다르지도 않다.
물질은 어디까지나 물질이고
정신은 정신이기 때문이다.

그런데 그 물질에 대해 느낌, 지각, 형성,
의식이 일어나면 명(名), 색(色)이 분명해 진다.

문제는 그것을 느끼는 사람이 나, 내 것이라는
생각을 갖느냐 갖지 않느냐에 따라
아, 무아(我, 無我)의 경계가 나누어진다.

불교는 무아이고 불교 이외의 모든 사상은
'아(我)'라고 집착한다.
그러나 수행자는 이것을 잘 알고 깨달아야 한다."

110. 보름날 밤의 작은 경(Culapunnama Sutta)

―진가, 귀천의 차별―

부처님께서 미가라마뚜 강당에 계실 때
참사람과 참사람 아닌 것에 대하여 말씀하셨다.

"참사람은 모든 것을 나, 내 것으로 보지 않고
참사람이 아닌 사람은 나, 내 것으로 판단한다.
나, 내 것을 중심으로 하는 사람은
자기 자신도 괴롭게 하고 남도 괴롭게 한다.
심지어 물건까지도 가격을 매겨
가치를 형성하기 때문이다.

참사람은 모든 것을 있는 그대로 보고 그 모양과
작용을 참되고 아름다운 것을 좋게 판단하는데
참사람 아닌 사람은 진·가(眞·假), 귀·천(貴·賤),
원·근(遠·近)을 따져 세계나 인간을 차별,
자기와 연관된 것은 귀하게 보고 그렇지 않은 것은
천하게 보는 경향이 있다.

이 세상 모든 것은 제 가치를 가지고 있는 것이며, 세상에 나타날 만한 이유가 있어 나타난 것이다.

제2품 차례차례 품
(Anupada-vagga)

111. 차례차례경(Anupada Sutta)

―지혜제일 사리불 존자가 제4선정을 실천한 글―

부처님께서 아나타삔디까 승원에 계실 때 수행승들에게 말씀하셨다.

"싸리뿟따는 현자이다.

큰 지혜, 넓은 지혜, 명쾌하고 빠르고 예리한 지혜를 가져 무엇이고 꿰뚫어 보는 지혜가 있다.

그는 반 달 동안 일어나는 일을 차례차례 통찰한다.

그래서 감각적 쾌락에 대한 욕망을 여의고 악하고 불건전한 상태를 떠나서 사유, 숙고를 갖추고 멀리 떠남에서 생겨나는 희열과 행복으로 제1선정을 성취하였다.

거기서 느끼는 통일된 마음으로
접촉, 느낌, 지각, 의도, 미움, 의욕, 결정, 정진,
새김, 평정, 정신활동을 차례로 통찰
거기에 묶이고 빠져들고 결박하지 않고
자유로운 마음으로 지내서 제2선정을 성취했다.

제2선정을 바탕으로 내적인 확신과 희열, 행복,
마음의 통일을 이루고 접촉, 느낌, 지각, 의도,
미움, 의욕, 결정, 정진, 새김, 평정,
정신활동을 기울여 거기에서 얻어진 희열이 사라진 뒤
다시 새김을 확립하고 올바른 알아차림으로
신체적 행복을 느껴 제3선정에 들었다.

또 세 번째 선정에서 얻은 행복과 새김, 알아차림,
마음의 통일을 가지고 접촉, 느낌, 지각, 의도, 미움,
의욕, 결정, 정진, 새김, 평정, 정신활동을 기울여
차례로 통찰하고 지각적으로 유지하다가
사라지는 것을
보고 또 거기 빠져들지 않는 최상의 자유를 얻어

제4선정에 이르렀다.

싸리뿟따는 거기서 더 나아가
무한공간의 세계를 완전히 뛰어넘어
의식이 무한한 경계에 이르러
마침내 아무것도 없는 세계에 나타났다.

그리고 거기서 더 나아가 지각하는 것도 아니고
지각하지 않는 것도 아닌 세계를 뛰어넘어
지각과 느낌의 완전한 소멸된 세계를 성취하였고,
멸진정(滅盡定)에 이르러
진리의 수레바퀴를 굴리게 되었으니
그가 진리의 왕의 아들이 아니겠느냐."

수행승들이 평상시 4선 · 8정에 대한 이야기를
자주 들었으나 그것은 오직 부처님만이 가질 수 있는
깨달음의 경지로만 알았는데
싸리뿟따가 그 같은 경지에 이르렀다는 말을 듣고
싸리뿟따를 부처님 아들로 더욱 높이 받들고 존경하였다."

112. 여섯 가지 청정경(Chabbisodhana Sutta)

―초윤회의 세계―

부처님께서 아나타삔디까 승원에 계실 때
수행승들에게 말씀하셨다.
"자신의 궁극적 지혜에 의하여 태어남은 부서지고
청정한 삶을 성취한 뒤 할 일을 마치기 때문에
더 이상 윤회가 없다는 것을 바로 알 수 있다.

이 같은 말을 하는 사람 가운데서도
확실성이 없는 사람도 있으나
① 보여진 것을 보여진 대로 말하는 것
② 들려진 것을 들려진 대로 말하는 것
③ 감각된 것을 감각된 대로 말하는 것
④ 인식된 것을 인식된 대로 말하는 것 등을 보면 그 대로 알 수 있다.

번뇌를 끊은 자인지, 수행을 이룬 자인지,
해야 할 일을 마친 자인지,
짐을 놓고 목표에 도착한 사람인지,

결박에서 벗어나 올바른 지혜로 해탈한 자인지,
그의 답변은 분명할 것이다.

진실로 깨달은 사람은 물질에 허약하고 사라지고
불안정하다는 것을 깨닫고 소멸하고 버림으로써
거기서 해탈을 얻는다.

느낌, 지각, 형성, 의식에 대해서도 마찬가지다.
수행승들이여,
나는 땅, 물, 불, 바람, 공간, 의식의 세계에
대해서도 똑같은 생각을 하며 해탈하였다.

처음 가정에서 벗어난 때나 출가해서 수행할 때나
거짓말하고 이간질하고 악담욕설하지 아니하였고
모든 생을 어여삐 여기고 세 벌의 옷으로 만족하고
나무 밑 거리의 노지에서 생활하면서도
탐욕, 악의, 해태, 흥분, 의심이 없었다.

결코 그것이 감각적 쾌락을 벗어나게 하고

깊은 사유의 희열을 맛보게 하였고,
마침내는 그 희열까지도 버려
그 마음이 허공처럼 하나가 되어
그 속에서 일어났다 사라지는 것을
통찰함으로써 자유자재로 알 수 있었다.

나는 그대들이 일반 사람들의 질문에 대하여
이렇게 답하는 것을 보고 진실로 말을 잘하고 있다
찬탄하고 있으며 그대들의 행을 보고 만족하고 있다.
왜냐하면 그대들의 법문과 행이
이 세상을 복되게 하고 이익을 주고 있기 때문이다."

113. 참사람경(Sappurisa Sutta)

―참사람의 성품―

부처님께서 아나타삔디까 승원에 계실 때
수행승들에게 참사람의 성품과
참사람이 아닌 사람의 성품에 대하여 말씀하셨다.

"참사람이 아닌 사람은
자신은 고귀한 가문에서 출가하고
다른 사람은 고귀한 가문에서 출가하지 아니했다고
자신을 칭찬하며서 남을 낮추어 말한다.
그러나 참사람은 그러한 생각이 없다.

참사람이 아닌 사람은 대부호의 가문에서 출가했다,
나는 많은 재산 가지고 있었다,
나는 유명한 사람이었다.
나는 지혜로운 사람이었다고 자랑하지만,
참사람은 그러한 것에 관심이 없다.
왜냐하면 그것은 남의 멸시를 받지 않고
존경을 받기 위해 만들어낸 수작이기 때문이다.

많이 배우든지 적게 배우든지
계율을 잘 지키고 바른 행을 하는 사람이 참사람이다.

누더기 옷을 입었던지 탁발을 하든지
그것도 중요하지만 선정에 익숙하며 사려가 깊어져서
4선・8정을 넘어 깨달음에 이르러
자유인이 된 사람이 참사람이다.

그러니 그대들은 참사람 아닌 짓은 짐짓 삼가야
할 것이며 참사람의 길을 향해
한 걸음씩 나아가야 할 것이다."

114. 개발하여야 할 것과 개발하지 말아야 할 것 경 (Sevitabbasevitabba Sutta)

―출가자의 신·구·의 3업―

부처님께서 아나타삔디까 승원에 계실 때
수행승들에게 개발해야 할 것과
개발해서는 안 되는 것에 대하여 말씀하셨다.

"이 세상 수행승들이 개발해야 할 것이 있고
개발해서는 안 될 것이 있는데, 신체, 언어,
정신, 마음, 지각, 견해, 개체 등이 그것이다."

싸리뿟따가 그 말씀을 받아 상세히 해설하였다.
"무엇이 신체적인 면에서 악하고 불건전한 것이며
착하고 건전한 것인가.

생명을 죽이고, 주지 않는 것을 빼앗고,
사랑을 잘못하면 이것은 잘못된 것이고,
생명을 보호하고, 주는 것만 가지고 베풀며,
청정한 삶은 살아가는 자는

착하고 건전한 삶을 사는 자이다.

또 언어를 사용할 때 거짓말하고, 이간질하고,
꾸미는 말을 하면 악한 것이고,
참말만 하고 화합하는 말을 하고,
바른 말을 하고, 착한 말을 하면
이것들은 개발할 만한 것이다.

정신적인 면에서 탐욕, 성냄, 어리석음은
개발해서는 안 될 것이고
베푸는 것과 사랑스러운 것, 밝은 지혜는
마땅히 개발되어야 할 것이다.

어진 가정의 출신이거나 부모의 보호를 받고
형제의 자제, 친척들의 보호 속에서 사는 자는
건전한 사람들이고, 법정, 모임, 조합, 왕국 가운데
증인으로 불려 다니며 두 사람의 사이를 이간질하고
악독한 말로 사람들을 괴롭히고 분노한 행으로
삼매를 무너뜨리며 공부인을 방해하면

그것은 개발해서는 안될 것이다.

선(禪)을 할 때도 정(定)을 닦을 때도 의복, 음식,
와구에 있어서도 번거롭지 않게 살면
그 사람이 세상을 복되게 하고
만나는 사람들을 즐겁게 하는 사람이다."

115. 다양한 종류의 세계 경(Bahudhatuka Sutta)
―수행자는 우지(愚智)에 얽히면 않된다―

부처님께서 아나타삔디까에 계실 때
현명한 자와 어리석은 자에 대하여 말씀하셨다.
"수행자들이여, 두려움은 어리석음에서 일어나고
위험, 재난도 마찬가지이다.

마치 갈대집, 섶, 헛간에 불이 붙으면 지붕, 안팎,
벽, 빗장, 덧문, 창, 건물이 한꺼번에 타버리듯
모든 재난은 일시에 일어난다.

마찬가지로 현명한 자는 이러한 경우에
그 명예와 칭찬, 포상이 한꺼번에 따르니
어리석은 짓 하지 말고 현명한 일을 하라."

아난다가 물었다.
"어떠한 것이 현명하고 사려 깊은 것입니까?"
"인식의 세계에 능숙하고 감역, 연기, 가능, 불가능에
능숙한 사람이 현명하고 사려 깊은 사람이다.

말하자면 시각, 청각, 소리, 이식, 후각, 냄새,
맛, 미각, 촉각 세계에 능숙하고 지·수·화·풍·
공·식의 세계에 능숙하며, 고·락·희·비·평정·
무지의 세계에 능숙하며, 쾌락·욕망·분노·
폭력의 세계에 능숙한 사람이다.

왜냐하면 이것이 있으면 저것이 있고,
저것이 있으면 이것이 있어
이 세상 모든 것은
조건 속에서 이루어지고 있기 때문이다.

아난다여, 이와같이 수행승은 올바른 견해와
깨달음 속에서 모든 것을 볼 줄 알아야 한다.
예로부터 사람들은 여인이 성불한다든지

전륜성왕이 된다든지, 제석천, 악마가 된다든지,
하느님이 될 수 없다고 했는데
그것은 신체적 조건과 언어적 행위, 정신적 생각이
원만하지 못한데 원인이 있는 것이다.

아무리 만족스럽지 못한 조건 속에서도
착한 행위와 언어, 정신적 활동을 하면
누구나 완전한 인격을 형성할 수 있나니
세계 영역, 연기, 가능, 불가능에 있어서
지혜를 통해 보면 알 수 있다.

마치 거울에 불사(不死)의 복이 나타나듯이
전장 속에서 위없는 승리를 얻는 것 같이
현명한 사람이 되어라."

116. 아씨길리경(Isigili Sutta)

―성인들이 사는 산―

부처님께서 라자가하 이씨길리산에 계실 때
수행승들에게 물었다.
"그대들은 베바라산을 보고 있는가?"
"예, 보고 있습니다.
빡다바산, 베뿔라산, 깃자따산 이라고도 부릅니다."

"옛날에 5백 나한님들이 들어갈 때는 보았지만
나오는 것을 보지 못하였으므로
선인들이 산을 삼켜버렸다 하여
'이씨길리산' 이라 부른 것이다.

옛날옛적 아릿타라, 웃빠릿타, 따가라씨킨,
야쌋씬, 쑤닷싸나라, 삐아닷씬, 삔돌리라,
우빠싸바, 나타라, 쑤따바라, 바비땃따라 등의
사람들이 연기법을 깨닫고 거기 오래 살았다.
성자들은 동요없이 스스로 완전한 깨달음을 얻고
가시의 화살을 뽑았다.

그 외에도 위대한 능력을 갖춘 힝구,
힝구는 존재의 그물을 부수고,
잘린 삿타까, 꼬살라 부처님, 삭바후 성자,
부바네마의 그네미, 싼짜찟따는 암혹을 정복하고,
비지따, 지따, 앙가, 빵가, 구띠짓따,
빳씰은 괴로움의 뿌리인 집착을 버렸고,
아빠라지따는 악마의 힘을 제압하였다.

쎗타, 바밧타, 싸라빙가, 로마항싸, 웃짜가마야,
아쎗따, 아나싸바, 마노마야, 반두마는 교만을 끊었고,
번뇌없이 빛나는 따다다뭇따, 비말라, 켓뚜마,
께뚬바라라가, 마땅가, 아리야, 앗쭈따, 앗쭈따가마,
비야마까, 쑤망갈라, 납빌라, 쑤빠떳티타, 아싸이아,
게마비라따, 쏘라따도 있었다.

또 위없는 님인 보디와 마하나마, 머리를 기른
바라드와자, 존재의 속박을 끊은 떳싸와 우빠딧싸,
갈애를 끊은 우빠씨다린, 씨다린도 있었고,

탐욕을 벗어난 망갈라, 괴로움의 그물을 끊은 우싸바,

적멸을 성취한 우빠니따, 우뽀싸타, 쑨다라, 쌋자나마,

마음을 잘 해탈한 쩨따, 자안따, 빠두마, 웁빠라,

빠두뭇따라, 락키따, 빱바따,

마나닷따, 쏘비따, 비따라가,

깡하 그리고 위대한 능력을 지닌 많은 사람들이

이산에 이르러 존재의 그물을 찢고

모든 집착을 여의고

완전한 열반에 들어 위대한 성인들의 예배를 받았다."

117. 커다란 마흔 경(Mahacattarisaka Sutta)
―바른 삶의 지표―

부처님께서 아나타삔디까 승원에 계실 때
수행승들에게 올바른 집중과 그것에 도움이 될
필요한 것에 대하여 말씀하셨다.

"수행자는 여덟 가지 바른 길을 걸어가는 가운데서도
제일 먼저 바른 견해를 깨달아야 한다.
잘못된 견해는 잘못된 견해라고 알고
올바른 견해에 나아가야 하니
착한 마음이 올바른 견해다.

보시할 줄도 모르고 제사도 지낼 줄 모르고,
사악도 구분하지 못해 이 세상과 저 세상,
아버지 어머니도 없다 하고,
살아봐야 별 것이 없다 하며,

또 곧바로 깨달아 가르치는 수행자도
성직자도 없다고 하는 자,

이런 사람이 바른 견해를 알지 못하는 사람이다.

올바른 견해를 가진 사람은 번뇌의 영향을 받더라도
먼저 지은 공덕의 힘으로
올바른 견해를 가지기 때문에
세상을 뛰어 넘고 올바른 경지에 들어 간다.

잘못된 사유는 감각적 쾌락과 욕망에 물드는 것이고,
분노, 폭력에 얽매이는 것이며,
바른 언어는 거짓말, 이간질, 욕지거리,
꾸미는 말을 하지 않는 것이고,

잘못된 행위는 살생하고
도둑질하며 간음, 사음하는 것이다.
잘못된 생활이란 사기, 기만, 점술, 요술,
고리대금 속에서 살다가는 사람이고

그러니까 올바른 견해 속에서 올바른 사유가 나타나고
올바른 사유 속에서 올바른 언어가 나타나듯

올바른 행위와 생활, 정진, 새김, 집중, 지혜, 해탈도
모두 그렇게 해서 이루어지는 것이다.

그러므로 잘못된 견해를 시정하면
잘못된 해탈이 없나니
모든 것을 바르게 보도록 노력하여야 한다."

118. 호흡새김 경(Anapanasati Sutta)

―호흡은 사람의 생명이다―

부처님께서 싸밧티시 뿜빠라마
미가라마뚜 강당에 계실 때
싸리뿟따와 마하 목갈라나, 쌋싸삐, 깟짜나,
꼿티따, 깝삐나, 쭌다, 아누룻다, 레바따,
아난다 등 많은 잘 알려진 수행승들과 함께 계셨다.

어떤 분은 열 명, 스무 명, 서른 명, 마흔 명,
새내기 수행승들을 데리고 가르쳤는데
그로 인해 수행승들은 높고 탁월한 경지를 성취하였다.

"나는 이러한 진보에 만족하고 있다.
그러나 그대들은 얻지 못한 것, 성취하지 못한 것,
깨닫지 못한 것들을 위해서 정진하라.
나는 싸밧티시에서 4월(꼬부디월) 보름날을 기다린다."

이 말씀을 들은 장로들과 새내기 수행승들은
더욱 열심히 훈계하고 배웠다.

드디어 4월 보름날이 되어 다 모이니
부처님께서 말씀하셨다.

"쓸데없는 말을 하지 말고
나무의 심처럼 꼿꼿이 공양받을 만하고
대접받고 보시, 예배 받을 만한
공덕밭이 되었는지 스스로 살펴보라.

수행승들이여, 참모임은 이렇게 살아가야 하느니라.
많든 적든 서로 나누어 쓰고
여행할 때는
사람들이 만나보고 싶은 사람이 되어야 한다.
번뇌를 부셔 청정한 삶을 성취해야 할 것을 마치면
짐을 내려놓고 이상을 실천하며
존재의 결박에서 벗어나야 한다.

욕계에서 벗어나지 못하는 것은
탐·진·치·만·의의 다섯 가지 분결(分結) 때문이고,
좀 더 높은 경지의 가운데는 신견(身見), 변견(邊見),

계금취견(戒禁取見)에 얽매여
벗어나지 못한 자도 있고,
4념처, 4정근, 5근, 5력, 7각지, 8정도 등을 통해
자·비·희·사를 꽉 채우기도 하고
때로는 무상, 부정, 호흡, 새김을 통하여
마음을 기쁘게 하기도 한다.

숨을 들이쉬고 내쉴 때 전신으로 경험하면서
그쳤다 쉬었다 하기를 반복
흥·망·성·쇠를 체험한다.

길게 쉴 때나 짧게 쉴 때나 희열, 행복, 형성을
이루어 가면 알아차리고 검사하여 탐구해가는 가운데
기쁨이 생기고 몸과 마음이 평온해지며
행복을 느끼게 된다.

이렇게 몸과 마음에 대한 새김을 사실적으로 하다보면
자기도 모르는 사이에 모든 얽힘에서 벗어나
대자유를 얻게 된다."

119. 몸에 대한 새김경(Kayagatasati Sutta)

―몸을 잘 관찰하라―

부처님께서 아나타삔디까 승원에 계실 때
식사 후 집회당에 모여 한담하는 스님들을 보고
몸에 대한 새김을 익히면
커다란 과보, 공덕이 있다 말씀하셨다.

"수행하는 사람이 나무 밑이나 한가한 곳에 가서 앉아
가부좌를 틀고 몸을 바로 세우고 얼굴을 앞으로 하고
새김을 확립, 숨을 들이쉬고 내쉬면
몸은 그 호흡의 길고 짧음을 다 안다.

때로는 걸어가면서 때로는 서 있으면서,
앉고 누워서 마음대로 하되
과거 재가 생활의 모든 것을 버리고 몸을 관찰한다.

머리카락, 몸털, 손톱, 발톱, 피부, 살, 근육, 뼈, 골수,
신장, 심장, 간장, 늑막, 비장, 폐, 창자, 장간막, 위장,
배설물, 뇌수, 담즙, 가래, 고름, 피, 땀, 지방, 눈물,

암피액, 침, 점액, 관절액, 오줌, 똥에 이르기까지
낱낱이 관찰하며 한 자루의 강낭콩처럼 살핀다.

이렇게 몸을 안팎으로 잘 살핀 뒤엔
묘지에 던져져 까마귀, 까치가 쪼아 먹는
광경을 생각하고 더 나아가서는
깡마른 뼈대만 딩굴며 낮에는 햇빛, 저녁에는 별빛과
달빛에 다리미질 당하는 것을 생각하면
저절로 거기에 대한 애착이 떨어질 것이다.

그렇다고 그것이 더러운 것, 허망한 것이라
업신여기지 말고
단지 집착만 털어버릴 뿐 묘한 인연들이 만나
묘하게 작용한다는 것을 깨닫고 그 작용에 장애가
되지 않도록 적당히 영양분을 섭취하고 추위와
더위에서 보호되도록 하여야 한다.

그것이 없이는 이 마음도 편안하게
활동할 수 없기 때문이다.

문제는 애착이다. 그 몸에 이끌려 하고 싶은
공부도 하지 못하고 하고 싶은 일도
제대로 성취하지 못한다 하면
이 세상에 몸을 받은 보람이 어디에 있겠는가.

그러므로 몸은 원래 그렇게 생겨, 그렇게 변해가고
결국 그렇게 멸해 갈 것이라는 것을 깨닫고
그것을 너무 괴롭게도 말고, 지나치게 즐기지도 말라.
마치 그것은 찰떡과 같아서 한 번 정이 붙으면
잘 떨어지지 않기 때문이다."

120. 형성의 생겨남 경(Sankharupatti Sutta)

―윤회의 과정―

부처님께서 아나타삔디까 승원에 계실 때
수행승들에게 말했다.
"어떤 사람들은 죽은 뒤에 부유한 가정에 태어나
행복할 것을 바라고 보시, 지계, 인욕, 정진한다.
그러나 수행승들은 세속 사람들과는 다르므로
믿고 계행을 지키며 법을 나누어 주고
지혜를 베풀어야 한다.

거기에는 반드시 소망이 있나니
세속사람들은 꿈을 이루고자 욕심을 부리지만
수행자들은 원력을 가지고
해탈할 때까지 노력해야 한다.

행의 단계는 5계를 지키면 인간의 몸을 잃지 않고,
10선을 행하면 천상에 태어나나
사방을 보호하면 4천왕이 되고,
백성들을 잘 다스리면 제석천이 되고,

죄인을 공평히 다스리면 염마천이 되고,
중생을 어여삐 여기면 도솔천에,
제 마음을 마음대로 쓰고 싶으면 자재천에 태어났다가
남의 즐거움까지 자기 것으로 만들고 싶으면
대자재천이 되어 때로는 마왕의 행을 하게 된다.

그러나 욕망의 세계는 한정이 있으므로
아름다운 색상을 중심으로 태어나기를 희망하면
계행을 잘 지킨 자는 범천이 되고,
세상을 기쁘게 한 자는 희락천에 오르고,
마음을 밝게 가진 자는 광천(光天)에 태어나
밝고 맑은 복락을 받는다.

빈 마음을 닦으면 공무변처,
모르는 것이 없이 다 알면 식무변처,
아무 소유가 없어도 넉넉하면 무소유처,
생각을 있지도 없지도 않게 가지면
비상비비상처에 태어나지만
그래도 생각따라 나고 죽음에 좌우되므로

불도수행자는 멸진정에 이르러
생사를 초월하는 행을 배우는 것이다.

그래서 나는 그대들에게 믿음을 주고
계행을 주고 배움을 통해
지혜를 깨닫도록 가르치는 것이다.
옳고 그름을 알아야 옳은 것 그른 것에
이끌리지 않기 때문이다.

이끌리지 아니하면 설사 세상에 유전하여
원한이 있더라도 세상을 괴롭히는
사람이 되지 아니할 것이니
그에게는 탐욕과 성냄, 어리석음이 없기 때문이다.

어디에 가든지 하심하고 진리를 의심하지 말며
깨달은 사람을 업신여기지 말라.
그리하면 한량없는 복을 받고
인천의 공양을 받을 것이다."

3품 공(空)품
(Sunnata-vagga)

121. 공에 대한 작은 경(Culasunnata Sutta)
―모든 법을 공으로 보는 법―

부처님께서 싸밧티시 뿝빠라마에 있는
미가라마뚜 강당에 계실 때
아난존자가 아침 일찍 일어나 명상하다가
부처님 계신 곳으로 가서 물었다.

"세존이시여, 한때 부처님께서 싸게야국
나가라까 마을에 계실 때 종종 '나는 공에 든다',
'나는 지금도 자주 공에 든다' 하셨는데,
제가 올바로 기억하고 있는 것입니까?"

"아난다여, 그렇다.

미가라마뚜 강당에 있는 코끼리,
말, 금은도 공하고 남녀들의 모임도
공한 것을 인식하고 있다.

공의 참모임은 수행승들의 조건이기도 하다.
그러므로 수행승들은 마을 사람들에 대해
지각하지 않고 숲에 대해서도 하나만을 조건으로
정신을 기울인다.

그것을 믿고 정립하며 결정한 마음에는
어떠한 고뇌가 생기고 없어지는가 분명히 알아
공하다고 인식하면 설사 그곳에 무엇이 있든지
관계없이 공한 것이다.

그런데 어떤 수행승들은 지각에 정신을 기울이지 않고
숲이나 땅에 대한 조건으로 유일한 것이 있다고 안다.

말하자면 모든 것이 공(空)해도
공하다고 아는 것은 있다고 믿는다.

그것은 전도된 것이 아니고 청정한 공이다.
문제는 고뇌가 있거나 없다는 생각이다.

그 생각만 분명하게 드러난다면
무한한 공간의 세계가 되었건 유한한 세계가 되었건
거기 이끌릴 필요가 없다.
이것은 무한한 공간 세계에 대한 것 뿐 아니라
3세 세간에 대해서도 마찬가지이다."

122. 공에 대한 큰경(Mahasunnata Sutta)
―집착을 떠난 즐거움―

부처님께서 싸끼야국 까삘라밧투시
니그로다 승원에 계실 때
탁발하여 공양하신 뒤 깔라케마까로 갔다.

싸끼야족 깔라케마까는
그의 처소에는 많은 잠자리와 앉을 자리를 마련해 놓았다.
그때 아난다는 가따마을에서 옷을 만들고 있었는데
부처님께서 저녁 때 그곳으로 찾아오셔서 말씀하셨다.

"저기 깔라케마까의 처소에 많은 잠자리가 있으니
수행승들과 그곳으로 가서 지내게 하는 것이 어떤가?"
"예, 저도 알고 있습니다.
지금은 옷을 만드는 기간이라 이곳에 있습니다."

"그러나 아난다여, 저들 모든 수행승들이 모임에 빠져
즐거워하고 탐닉하면 벗어나는 즐거움,

멀리 여의는 즐거움, 적정의 즐거움,
깨달음의 즐거움을 성취할 수 없으니
희열의 마음이나 해탈의 마음을 성취하기 위해서는
멀리 떨어져 있는 것도 무방할 것이다.

우리가 즐거워하는 어떤 장소, 물건에 대해서도
변하지 않는 것을 나는 보지 못했기 때문이다.
이렇게 마음이 안팎으로 공해져 감각적 욕망과
사유와 희열, 고락에 있어 정신이 통일되면
앉거나 서거나, 가거나, 오거나 한결같이 되어
시·청·각 모든 감각에 있어서도
마음을 빼앗길 일이 없다.

왜냐하면 물질, 느낌, 지각, 형성, 의식에 대하여
집착이 일어나지 않기 때문이다.
이러한 사람은 설사 스승이 쫓아 내더라도
그 마음에 변화가 있을 수 없다."

"그렇습니다, 세존이시여. 우리는 법을 뿌리로 하고

세존을 안내자, 의지처로 삼기 때문에
어떠한 경우라도 마음이 흔들릴 리 없습니다."

"그렇다, 아난다여.
나의 제자들은 경전, 게송, 해설 때문에
스승을 따르는 것은 아니다.
그들은 이미 그것을 배워 외우고 관찰하며
꿰뚫었기 때문이다.

모두 그것들은 올바른 앎과 깨달음,
삼매, 해탈을 위한 방편이지,
그것이 목적이 아닌줄 안다.

아난다여,
나는 그대들이 나를 우정으로써 대해 주기 바란다.
적의로써 대하지 말라.
나는 언제나 그대들의 친구로서
다스리고 충고하며 살 것이다."

123. 아주 놀랍고 예전에는 없던 경
(Acchariyabbhuta Sutta)

―본생담 속에 나타난 보살행―

부처님께서 아나타삔디까 승원에 계실 때
수행승들이 탁발 후 집회장에 모여 한담하고 있었다.
"부처님의 과거 일에 대해서
보다 구체적으로 알았으면 좋겠다.
언제 어디서 누구에게 발심하여
어떻게 수행하여 오늘에 이르렀는지 말이다."

그런데 부처님께서 저녁 때 오셔서 아난다에게
"수행승들이 의심하는 일을 설명해 주리라."
하며 도솔천 내원궁에 계실 때부터
어머니 태에 들던 과정, 그리고 룸비니에서 태어나
일곱 발짝을 걷고
'천상천하 유아독존'을 외쳤던 이야기와
부처님의 어머니께서 청정한 생활로 일관하시다가
생후 7일만에 도리천에 왕생한 일에 대하여

구체적으로 설명해 주셨다.

그러나 그것이 누구의 명령에 의해서가 아니라
자각적 보살행으로 실천하였기 때문에
실로 놀랄 일이요, 불가사의한 일이라 하였다."

124. 박꿀라경(Bakkula Sutta)
―감각적 쾌락에 관한 이야기―

어느 때 박꿀라는 라자가하시 불루숲 깔란다까니바빠에 있었다. 그의 친구 아쩰라깟싸빠가 박꿀라가 있는 곳으로 찾아와 물었다.

"출가한 지 얼마나 되었는가?"
"80년이 되었다."
"그동안 몇 번이나 이성과 교접하였는가?"

"그렇게 묻지 말고 80년 동안 감각적 쾌락에 대한 욕망에 관한 지각이 일어났는가 이렇게 물어야 옳다."
"그러면 그런 지각이 있었는가?"
"출가 후 한 번도 그런 생각이 일어나지 않았다."

"진짜인가?"
"그 뿐아니라 80년 동안 단 한번도 분노와 폭력의 지각이 일지 않았고, 80년 동안 누구에게도 옷을 받지 않고

옷을 자르고 바느질을 한 일이 없으며,
물들이고 까티나옷을 꿰맨 일도 없고
식사 초대를 받거나
남의 집에 들어가 앉아 있었던 일도 없었다.

여인을 대한 적도 없고
여인에 대한 글을 쓴 일도 없고
비구니, 정학녀 처소와
새내기 수행녀를 기르고 계를 준 일도 없다.

시자도 두지 않아 누구도 의지하지 않고
목욕탕에 가 비누를 사용하거나
마사지 한 일도 없고
잠깐이라도 병이 나서 약을 복용한 일도 없고
베개, 침대, 거처를 사용한 일도 없으며
채무자가 되어 나라에 신세 진 일도 없다."

아쩰라깟싸빠는
"나는 그 계율과 가르침에 출가하여

그 계율을 받고 비구가 되기 희망하네."
하여 출가시키고 자신은 대중 가운데 앉아
열쇠를 주고 반열반에 들었으니
진실로 놀랍고도 예전에 없었던 일이다.

125. 길들임의 단계경(Dantabhumi Sutta)

－초심자들의 단계적 수행－

부처님께서 깔란다까니바빠에 계실 때
수행승 아찌라바따가 벨리숲의 암자에서
지내고 있었다.
왕자 자아쎄나가 이리저리 산책하다가
그곳에 찾아가 물었다.

"수행승들이 열심히 정진하면
정신통일을 한다고 들었는데 사실입니까?"
"그렇습니다."
"그렇다면 나에게 설명해 주십시오."
"아무리 내가 설명한다 하더라도
왕자께서는 잘 이해가 안될 것입니다."

"그래도 한 번 말씀해 보세요.
못 알아들으면 그대로 가겠습니다."
그리하여 자기 체험대로 설명하였으나
역시 왕자 자야쎄나는 이해하지 못하고

부처님께 찾아가 말씀드리니

"감각적 쾌락에서 완전히 벗어나지 못한 사람이
감각적 쾌락을 벗어나지 못한 사람에게
감각적 쾌락을 벗어나는 이야기를 한다고 해서
알아듣겠는가?
이것은 마치 코끼리, 말, 소를
길들이는 것과 같습니다.

길들여지지 않은 코끼리를 숲속으로 데리고 가
숲속의 코끼리들과 함께 놀게 한다면
그 코끼리들이 궁중으로 돌아오겠습니까?
숲속으로 돌아가겠습니까?"

"설사 공터에 놓아진 코끼리라도
숲속의 코끼리를 보면 숲속으로 따라갈 것입니다.
그렇다면 부처님,
부처님께서는 공터에 놓여진 코끼리와
숲속의 코끼리를 어떻게 훈련시키겠습니까?"

"먼저 출가자에게는 계를 받아 갖추고
계의 항목을 외우고 지켜 행동 규범을 완성,
사소한 잘못도 저지르지 않게 하고
다음에 감각능력을 수호하게 하여
시·청각과 정신을 집착하지 않게 하면
탐욕과 근심, 악, 불건전이 침해하지 않게 됩니다.

분량을 알아 식사하게 하고 몸의 쾌락, 아름다움,
매력에 이끌리지 않도록 하고
몸의 건강을 지켜 상하지 않게 합니다.
이렇게 하여 깨어있는 마음이 완성되면
낮에는 경행, 좌선으로부터
장애되는 것을 청정하게 하고,

밤중에는 오른쪽으로 옆구리를 눕히고
사자 잠을 자게 하고,
새벽녘엔 일어나서 좌선하고 경행하다가
때가 되면 옷을 입고
발우를 가지고 탁발하도록 합니다.

이렇게 공부가 성숙되면 그때는 몸에 대한 관찰,
사유에 대한 숙고, 희열에 대한 새김,
고락의 경계를 통일된 마음으로 낱낱이
점검하게 합니다.

이것은 청정하다, 더럽다.
이것은 순진하다, 때묻었다.
이것은 지옥이요, 축생이요, 아귀요, 인, 천이다.
이것은 수다원, 사다함, 아나함, 아라한이다.

이렇게 스스로 판단해 알게 하면
그때는 숲속으로 들어가라 하여도
들어가지 않게 되어 있습니다.
이것이 새내기 수행승들을 길들이는 방법입니다."

126. 부미자경(Bhumija Sutta)
―서원과 이치에 맞는 생활―

부처님께서 깔란다까니바빠에 계실 때
자아쎄나 왕자의 삼촌 부미자 존자가
아침 일찍 자아쎄나 왕자에게 갔다가
'서원과 인과가 어떤 관계가 있느냐'는
질문을 받고 답변하였다.

그런데 그것이 혹 잘못된 것이 아닌가 하여
부처님께 가서 물었다.
"세존이시여, 이것은 내가 세존 앞에서 직접 듣거나
배운 것은 아니지만 내 생각에 의해 답변하겠습니다.

어떤 사람이 서원을 세웠거나 세우지 아니 했거나
이치에 맞지 않게 살면 과보를 얻을 수 없고
이치에 맞게 살면 과보를 얻을 수 있다 하였는데
부처님께 누를 끼친 것이 아닌가 생각합니다."

부처님은 크게 칭찬한 뒤

"그대의 답변은 진실하게 진리에 맞는 말이다.
기름을 구하는 사람이 모래를 짜 기름을 내려 하거나
버터를 구하는 사람이 물을 항아리에 부어
교류기로 젓는다면 옳지 않듯이
실천이 없는 서원은 결과가 없느니라.

불을 구하는 사람은 마른 나무를 비벼야
불을 얻을 수 있고,
우유를 구하는 사람이 최근에 새끼를 낳은 암소의
젖을 짜야 우유를 얻을 수 있듯이

바른 견해, 바른 생각에 바른 언어, 행위, 생활,
정진, 새김, 집중을 통해서만
올바른 과보를 받을 수 있다."

"부처님, 만약 저에게 네 가지 비유까지
설할 수 있는 능력이 있었다면 더욱 좋았을 텐데
아쉬었습니다.
그러나 만족한 왕자는

저에게 쌀밥을 가득 공양하였지만
저는 혹시 답변을 잘못하여 부처님께
누를 끼치지나 아니했을까 걱정했습니다."

127. 아누룻다경(Anuruddha Sutta)

―무량해탈과 광대심해탈―

부처님께서 아나타삔디까 승원에 계실 때
건축사 빤짜깡가가 하인을 시켜 아누눗다에게
공양청을 하고 시간에 맞추어 공양한 뒤 물었다.

"장로 스님들께서 무량한 마음으로 해탈을 닦고
광대한 마음으로 해탈을 하라 하였는데
의미 상으로 같은데 명칭만 다른 것 아닙니까?"

"무량한 마음에 대한 해탈은 자·비·희·사의 마음을
꽉 채워 해탈하라는 말이고
광대한 마음의 해탈은 한 나무로부터 두 나무,
한 마을로부터 두 마을,
한 왕국, 한 대중으로부터 두세 개의 세계로 확대하여
해탈하는 것이니 의미도 다르고 명칭도 다르다.

마치 작은 빛이 한량없는 빛으로 퍼지듯,
탁한 것이 청정하게, 마치 한 빛 속에

여러 가지 모양의 산들이 있듯이,
한 방 안에 여러 가지 등불이 켜지듯,
빛은 하나인데 보이는 것은 각기 다른 것과 같다.

사람들이 모였을 때와 흩어질 때의 모양이 다르듯이
사람들의 마음은 장소 따라 달라져도
신들의 마음은 어느 곳에서나 항상 즐겁듯이
무량하고 광대한 마음은 다르지 않다."

"똑 같은 하늘의 신인데 왜 차별이 그렇게 있습니까?"
"복의 차별 때문이다.
복이 많은 사람은 몸과 색이 뛰어나고
복이 작은 사람은 같은 천국에 있으면서도
즐거움이 작다.

또 거기에 수행의 차이 때문에 빛이 흐리고 탁하고
빛나고 청정한 차이가 생긴다.
마치 기름이 좋지 않으면 불빛이 밝지 못한 것과 같다."

이 같은 일들은 아누룻다가 오래 전부터
신들과 함께 사귀고 함께 말하며
대화를 나누었기 때문에 잘 알고 있었다.

128. 오염에 대한 경(Upakkilesa Sutta)

―다투는 자의 화해―

부처님께서 꼬쌈비 고씨따 승원에 계실 때
꼬쌈비 수행승들이 다투자
한 수행승의 청을 받고 찾아가 말했다.
"수행승들이여,
그만하라. 다투지 말고 언쟁하지 말라."

이때 한 수행승이 부처님께 권하였다.
"진리의 주인이신 세존님, 여기 와서 사십시오.
그리하면 논쟁이 쉬어질 것입니다."

이에 부처님께서 노래부르셨다.

"시끌벅적 떠들어 대면서
아무도 어리석은 자기는 생각하지 않는다.
참모임은 파괴되어 가는데도
자신의 잘못을 생각하는 자는 없구나.

슬기로운 대화는 없고 말만 풍성하게 맴돌고 있다.
마음대로 소리 질러
누구에게 이끌리고 있는지도 모르는구나.
나를 때렸다, 비방했다, 이겼다, 약탈했다
이렇게 적의를 품은 자들이 원한을 그칠 줄 모른다.

원한으로는 원한이 그치지 않는다.
원한을 떠나야만 그치나니 이것이 영원한 진리다.
스스로 다스려야 한다는 것을 아는 사람이 없구나.

뼈를 부수고 목숨을 빼앗고
축생을 약탈, 도둑질하는 자
그들에게도 화합이 있는데
어찌하여 그대들은 그칠 줄 모르는가.
착하고 흔들림 없이 현명한 벗 얻으면
모든 위험, 공포도 극복, 만족하게 유행하리라.

왕이 이미 정복한 땅 포기하는 것 같이
숲속의 코끼리처럼 혼자서 가라.

어리석은 자와 벗하는 것보다 홀로 가는 것이 낫다.
악 짓지 말고 숲속의 코끼리처럼 홀로 가라."

이렇게 노래한 부처님은
발라까로나까라 마을에 가 존자 바구와 같이 지냈다.
"비구여, 편안한가?
탁발하는데 어려움이 없는가?"
"예, 잘 지냅니다."

다시 아누룻다, 난디야, 낌빌라가 있는
빠찌나방싸 공원으로 갔다.
그때 공원지기가 말했다.
"여기 훌륭한 가문의 아들들이 공부하는 곳이니
들어가면 안 됩니다."

아누룻다가 그것을 보고 쫓아가
"우리들의 스승이 오셨으니 막지 말라."
하고 한 사람은 세존의 가사와 발우를 받고
한 사람은 자리를 마련하고,

한 사람은 물을 준비하여 발을 씻겨드렸다.

"그대들은 화합하고 서로 감사하고 다투지 않는가?"
"우유의 물처럼 지냅니다.
언제나 사랑스러운 행동, 말, 생각을 가지고
서로 공경하고 존중합니다."
"훌륭하구나. 방일하지 않고 열심히 정진하며
화합하는 모습을 보니 기쁘도다."

129. 어리석은 자와 현명한 자 경
(Balapandita Sutta)

―선행자의 과보―

부처님께서 아나타삔디까 승원에 계실 때
수행승들에게 말씀하셨다.

"어리석은 자에게는 나쁜 생각, 나쁜 말,
나쁜 행동을 하는 속성이 있다.
그래서 그들은 죽이고 재물을 빼앗고
부정한 사랑을 하고, 거짓말을 하며
술에 취해 보통 사람들이 생각할 수 없는 일을 한다.

그래서 그들은 채찍, 몽둥이로 매를 맞고
손, 발, 귀, 코는 잘리고 두개골을 부셔서 죽이고
피부를 벗겨 불에 태우고
살점을 베어 개와 짐승에게 먹이로 준다.

그들은 슬퍼하고 비탄에 젖어 소리 질러도
누구 하나 구해줄 자가 없다.

죽은 뒤에는 또 악도에 떨어져
이 세상에서 받은 고통의 백배, 천배의 고통을 받는다.
수천 개의 창으로 찌르고 갈고리를 매어
사지를 찢지만 누구도 구원하는 자는 없다.

4각으로 된 대지옥에는 네 문이 있고
철벽에 쇠지붕이 덮여있는데
방바닥 밑에 쇠바닥이 있어 불이 붙으면
온 방안이 온통 불바다로 변한다.
여기서 나가면 축생이 되고 아귀가 되어
굶주리고 혹사되어
말로 표현할 수 없는 고통을 당한다.

사람 몸을 얻기가 눈먼 거북이가
몇 천년 만에 한 번 바다에서
구멍 뚫린 뗏목을 만나 겨우 한 번 숨쉬고 들어가듯
이렇게 만나기 어려운데
사람이 되어 사람 노릇을 제대로 하지 못하고
간다면 되겠는가.

착한 마음으로 사는 자는 전륜성왕이 되어
칠보수레를 타고 동서남북으로 돌아다니며
만백성들의 사랑을 받고 공경도 받는다.
전륜성왕은 우뽀싸타라는 왕코끼리를 타고
세계를 다니면서 온갖 백성들을 축복한다.

온갖 보물과 여자, 장차, 대신들이 나타나
그를 호위하고 명령을 기다린다.
그래서 그는 건강하고 장수하며 기쁨을 맛본다.
이것이 선행자의 과보이다."

130. 천사경(Devaduta Sutta)

―천당과 지옥―

부처님께서 아나타삔디까 승원에 계실 때
수행승들에게 말씀하셨다.

"이를테면 문이 둘 달린 집이 있는데
거기에 눈 있는 자가 왕래하는 사람들을 관찰하듯
청정한 하늘 눈을 가진 자는 태어나고 죽고,
귀하고 천한 것과 행, 불행의 온갖 삶을 다 보고 있다."

그때 나쁜 짓을 한 사람이 염라국에 들어가니
염라대왕이 물었다.
"첫 번째 천사를 보았느냐?"
"보지 못했습니다."
"갓난아이들이 똥오줌에 범벅이 되어
악취를 풍기는 것을 본 적이 있느냐?"
"본 적이 없습니다."

"그렇다면 아기를 보면서 나 역시 태어났고

태어남을 뛰어넘을 수 없으니
선행해야 되겠다는 생각을 못했는가?"
"대왕이시여, 하지 못했습니다. 저는 방일하였습니다."

"그렇다면 두 번째 천사를 보았느냐?"
"못 보았습니다."
"허리가 구부러지고 지팡이를 짚고 몸을 떨며
머리가 희어지고 검버섯이 나고 얼룩이 진
노인을 본 적이 있느냐?"
"본 적이 있습니다."

"그렇다면 그들을 보면서 나 역시 늙어가고
늙음을 뛰어 넘을 수 없으니
선행해야 되겠다는 생각은 못했는가?"
"대왕이시여, 하지 못했습니다. 저는 방일하였습니다."

"세 번째 천사를 보았느냐?"
"못 보았습니다."
"큰 병이 들어 무척이나 괴로워하며

다른 사람의 보살핌 없이는 생활하지 못하는
사람을 본 적이 있는가?"
"본 적이 있습니다."
"그렇다면 그들을 보면서 나 역시 언젠가는
병들 것이고 병듦을 뛰어넘을 수 없으니
선행해야 되겠다는 생각을 못했는가?"
"대왕이시여, 하지 못했습니다. 저는 방일하였습니다."

"보았다면 어찌 이를 소홀히 할 수 있겠는가.
네 번째 천사를 보았느냐?"
"못 보았습니다. 네 번째 천사는 무엇입니까?"
"잘못한 사람들에게 죄를 주는 것이다.

왕이 도둑이나 범죄자를 잡아
채찍과 몽둥이로 때리고 곤장치고
손발, 코, 귀, 머리, 팔, 몸통을 자르고
몸통을 흉기로 찔러 껍데기를 벗기고
뜨거운 기름국에 끓여 개에게 먹이고
산채로 꼬챙이에 끼워

칼로 머리를 잘라 버리는 것을
본 적이 있느냐?"
"보았습니다만 내 일이 아니라서 소홀히 하였습니다."

"그들을 보면서 악을 행하는 자들이
저처럼 현세에서도 혹독한 형벌을 받으니
다른 세상에서는 어떠하겠는가,
그러니 선행해야 되겠다는 생각은 못했는가?"
"대왕이시여, 하지 못했습니다. 저는 방일했습니다."

"다섯 번째 천사도 있는데 못 보았는가?"
"못 보았습니다. 다섯 번째 천사는 무엇입니까?"
"사람이 죽어 며칠이 지나면 썩어 부풀어져
고름이 터져나오는 것을 본 적이 있는가?"
"보았습니다만 소홀히 하여 선행을 하지 못했습니다."

"그렇다면 그들을 보면서 나 역시 언젠가는
죽음에 이를 것이고 죽음을 뛰어넘을 수 없으니
선행해야 되겠다는 생각을 못했는가?"

"대왕이시여, 하지 못했습니다. 저는 방일했습니다."

"모두가 나태한 탓으로 신·구·의 3업으로
나쁜 짓을 한 탓이로다.
부모 형제나 친구나 신의 놀음이 아니다."
염라대왕은 드디어 옥졸들을 시켜 그를 묶어
개 패듯 하다가 마침내 눕혀 놓고 쇠막대기로 달구니
온몸에 피가 장마에 진흙이 밀려나듯 흘러나오면서도
차마 죽지 못했다. 옥졸들이 말했다.

"지금도 방일하느냐?"
그리고는 사방이 철벽으로 이루어진
천야만야(千也萬也)한 낭떠러지로 집어 던졌다.
그러면 사방으로 도망 다니며 몸부림치다가
내려치는 방아에 천 조각, 만 조각이 났다.

그러면 또 다른 사자가 나타나
부채로 부쳐 살려내면 하루에도 몇 천번, 몇 만번
죽었다 살아나기를 거듭하면서 후회하였다.

'왜 나는 일찍이 그들 천사들을 보지 못하고
선행을 하지 못했던가!'

이렇게 천사들의 경고에도 불구하고
사람들은 어리석어 깨닫지 못하고
방일하다 늦게야 후회하고 슬퍼한들
무슨 소용이 있겠는가.
지혜있는 사람은 누가 이것을 가르치지 않아도
일찍이 천사들을 보고 생사를 초월,
고통을 없애는 선행을 한다.
여기 무슨 원한과 두려움이 있겠는가.

제4품 분석품
(Vibhanga-vagga)

131. 한밤의 슬기로운 님 경
(Bhaddekaratta Sutta)
―정복되지 말고 흔들림 없이 수행하라―

부처님께서 아나타삔디까 승원에 계실 때
수행승들에게 말했다.

"과거를 추억하지도 말고 미래를 바라지도 말라.
과거는 이미 버려졌고 미래는 아직 오지 않았다.
현재 일어나는 상태를 잘 관찰하라.

정복되지 않고 흔들림이 없는 것을 잘 알고 수행하라.
오늘 해야 할 일에 열중해야지
내일 죽을지 모레 죽을지 어떻게 알겠는가.

대군을 거느린 죽음의 신에게 굴복하면 안 된다.

열심히 밤낮으로 수행하는 자는
한밤의 슬기로운 분,
나는 그를 고요한 해탈님이라 부른다.

수행승들이여, 어떻게 과거를 거슬러 올라가는가?
과거의 추억을 즐겨하고
느낌, 생각, 지각, 형성, 의식을 즐겨하면
과거를 기억해 올라가는 것이다.

말하자면 젊었을 때의 형상(5온)을 그리워하는 것이다.
그런데 또 어리석은 사람은
미래의 물질과 정신에 대하여
그전의 미련을 가지고 상상해 간다.

하나마나한 생각, 꿈같은 생각 속에서
귀한 시간을 다 보내고나서야 늦게 한탄한다.
그러니 수행자는 마땅히 현재를 귀하게 하라."

132. 아난다와 한밤의 슬기로운 님 경
(Anandabhaddekaratta Sutta)

―아난다의 법문―

부처님께서 아나타삔디까 승원에 계실 때
아난다가 강당에서 슬기로운 님에 대하여 강조하였다.

그런데 그때 세존께서
명상에서 일어나 강당으로 오시자
아난다가 "한밤의 슬기로운 님 경"을 설했다.
부처님께서 "잘했다"고 칭찬하고 말했다.

"과거도 추억하지 말고 미래도 바라지 말고,
현재를 잘 관찰하라."

133. 마하까짯나와 한밤의 슬기로운 님 경
(Mahakaccanabhaddekaratta Sutta)

−지금 당장 수행하라−

부처님께서 따뽀다 온천장에 계실 때
존자 싸밋다가 새벽녘에 온천하고
몸을 말리고 서 있는데 한 천사가 와서 물었다.

"싸맛다님, 당신은 한밤의 슬기로운 님 경을
기억하고 계십니까?"
하여 사실대로 이야기하고 노래하니

"과거도 미래도 생각하지 말고
지금 바로 노력하십시오."
하고 떠났다.

134. 로마싸깡기야와 한밤의 슬기로운 님 경
(Lomasakangyabhaddakaratta Sutta)

―천사와의 대화―

부처님께서 아나타삔디까 승원에 계실 때
존자 로마싸깡기야가 까삘라사투시
니그로다 동산에 있었는데

그때 짠다나 천자가
한밤중에 와서
'한밤의 슬기로운 님 경'에 대하여 물어
들은 대로 그리고 기억하는 대로 설하니
감사하며 떠났다.

135. 업에 대한 작은 분석경
(Culakammavibhanga Sutta)

−업의 차별 속에 나타난 인생−

부처님께서 아나타삔디까 승원에 계실 때
바라문 청년 또데이야의 아들 쑤바가 물었다.
"어떤 인연으로 빈부, 귀천, 수명, 장단, 권세,
용모, 미추가 나타납니까?"

"업의 차별 때문이다.
살생하는 사람은 단명하고, 방생하는 사람은 장수하며,
남을 해치는 사람은 천하게 되고, 보호하는 사람은
기쁘고, 질투하는 사람은 미움을 받고,
칭찬하는 사람은 존경을 받는다.
거만한 사람은 천하고 하심하는 사람은 고귀하게 된다."

이렇게 같은 업을 지었어도 마음 씀씀이의
후박(厚薄)을 따라 차별이 있다는 것을
상세히 설명해 주니
쑤바 장자는 크게 인과를 깨닫고 감사하였다.

136. 업에 대한 큰 분석 경
(Mahakammavibhanga Sutta)

―업에 관한 부처님 말씀―

부처님께서 벨루숲 깔란다까니바빠에 계실 때
싸맛디 존자가 숲속에 있었는데
유행자 뽀딸라뿟따가 산책 나왔다가 물었다.

"수행자 고따마는 신체, 언어적 행위는 허무하고
정신만 진실하다고 하며
선정을 닦으면 느낌도 없어진다 하는데 사실입니까?"

싸밋디가 되물었다.
"그러면 3업을 의도적으로 하고 나면
괴로움을 느낀다는 말씀입니까?"
그러나 그는 그에 답변을 하지 않고 떠나
싸밋디는 아난다에게 가서 물었다.

"저는 출가한 지 3년 밖에 안 된 새내기였기 때문에
확실한 답변을 하지 못했습니다.

어떻습니까, 뽀딸라뿟따의 말이 맞다고 생각하십니까?"
"이 이야기는 세존을 직접 찾아 뵙고
문의하는 것이 나을 것 같습니다. 함께 갑시다."
데리고 가서 물으니 세존께서 말했다.

"나는 그 자를 만난 일이 있다.
뽀딸라뿟따의 질문은 세 가지 느낌에 관한 것인데
어리석은 싸밋다가 답변을 잘못하였다.
모든 것은 의도적 행위에 달려있다.
몸과 입과 뜻이 즐겁게 행위를 하면
즐거움의 과보가 오고, 불건전한 행위를 하면
괴로운 결과가 오는 것이다.
이 세상에 존재하는 사람은 네 종류가 있다.

① 생명을 죽이고, 주지 않는 것을 빼앗고, 사랑을 나눔에 잘못된 행위를 하고, 거짓말을 하고, 이간질을 하며, 욕지거리를 하고, 말을 꾸며대고, 탐욕스럽고 분노하며, 잘못된 견해를 갖고 있으며, 죽은 뒤에 괴로운 곳, 나쁜 곳, 타락한 곳, 지옥에 태어나는 자

② 생명을 죽이고, 주지 않는 것을 빼앗고, 사랑을 나눔에 잘못된 행위를 하고, 거짓말하고, 이간질 하고, 욕지거리 하고, 말을 꾸며대고, 탐욕스럽고 분노하며 잘못된 견해를 갖고 있으며, 죽은 뒤에 좋은 곳, 하늘 나라에 태어나는 자

③ 살아있는 생명을 죽이지 않고, 주지 않는 것을 빼앗지 않고, 사랑을 나눔에 잘못된 행위를 하지 않고, 거짓말 하지 않고, 이간질 하지 않고, 욕지거리 하지 않고, 말을 꾸며대지 않고, 욕심부리지 않고, 분노하지 않고, 올바른 견해를 갖고 있으며, 죽은 뒤에 괴로운 곳, 나쁜 곳, 지옥에 태어나는 자

④ 살아있는 생명을 죽이지 않고, 주지 않는 것을 빼앗지 않고, 사랑을 나눔에 잘못된 행위를 하지 않고, 거짓말 하지 않고, 이간질 하지 않고, 욕지거리 하지않고, 말을 꾸며대지 않고, 욕심 부리지 않고, 분노하지 않고, 올바른 견해를 갖고 있으면 죽은 뒤에 괴로운 곳, 나쁜 곳, 지옥에 태어나는 자

①, ④는 이전이나 나중에 악한 행위로 인해
고통스러운 결과를 가져온 것이거나
죽을 때에 잘못된 견해를 갖거나 이룬 결과이며,
②와 ③은 이전이나 나중의 선한 행위로 인해
즐거운 결과를 가져올 것이거나
죽을 때에 올바른 견해를 갖거나 이룬 결과이다.

이들은 각기 업에 따라 믿음의 대상이 되기도 하고
구천의 대상이 되기도 하며, 빈부의 차별이 나고,
수명의 장단을 가지기도 한다.

그런데 만약 이러한 일들을 실천하는 착한 수행자가
정신적 수행까지 겸한다면 그 결과가 어떠하겠는가?
선한 행위를 한 사람은 즐거움의 과보를 받고,
악한 행위를 한 사람은 괴로운 결과를 받을 것이다.
그러므로 수행자는 마땅히 자기가 해야 할 일을
알아서 해야 한다."

137. 여섯 감역 분석경
(Salayatanavibhanga Sutta)

－18계를 조심하라－

부처님께서 아나타삔디까 승원에 계실 때
수행승들에게 6감에 대해서 가르쳤다.

"우리 인생은 눈, 귀, 코, 혀, 몸, 뜻 등
여섯 기관을 가지고 빛, 소리, 냄새, 맛, 감촉, 법 등
여섯 가지 경계에 반연하여 눈의 지식, 귀의 지식,
코의 지식, 혀의 지식, 몸의 지식, 뜻의 지식을
가지고 사는데, 그것을 모두 합하면 18계가 된다.

6근, 6경, 6식이 그것인데, 이것을 안팎으로 곱하면
36이 되고, 그것을 다시 과거, 현재, 미래 시간에 두어
생각해 보면 108가지가 되므로,
그것이 번거롭게 되면 108번뇌가 되고,
착한 공덕으로 쌓이면 108공덕이 된다.

위없는 스승을 본보기로 삼아 길들이는 사람은
마땅히 착한 일을 하여 공덕이 쌓이도록 하여야 한다."

138. 대강분석경(Uddesavibhanga Sutta)

―부처님 제자의 법문―

부처님께서 아나타삔디까 승원에 계실 때
수행승들에게 말했다.

"탐구하는 자는 의식이 밖으로 산만하거나
흩어지지 않게 하고,
안으로 집착하지 않고 혼란하지 않게 하여야 한다.
만약 이것을 잘 탐구하면
미래에 태어나고 죽는 일이 없게 된다."

이렇게 대강 이야기하시고
부처님께서는 열반에 드셨다.

수행승들이 마하깟짜나에게 찾아가
이에 대한 상세한 설명을 부탁드리니
마하깟짜나가 수행승들에게 말했다.

"나무심을 구하는 사람이 뿌리나 줄기나 가지나

잎사귀에서 찾는다면 찾아지겠는가?
세존께서는 참으로 눈이 있고 앎이 있고
진리를 깨달으신 거룩한 님인데
그 설하고 가르침을 받을 때
끝까지 질문했어야 하는데 설법을 끝까지 듣고
보지 못했으니 아타까운 일이다.

밖으로는 시각, 청작, 후각, 미각, 촉각, 정신을 또렷하게
챙기고 안으로는 산만하지 않고 흩어지지 않게 쫓는다면
감각적 쾌락이나 사유, 숙고, 희열, 새김, 고락성쇠를
버리고 양 극단을 떠나 칭찬해야 할 것과
버려야 할 것을 분명히 알게 될 것이다.

무엇이 즐거움이고 무엇이 괴로움인지
확실하게 안다면 수행자가 괜히 거기 얽매일 필요가 없다.
마치 표준어를 모르는 지방사람이
지방어를 가지고 고집하듯
자기 체험만을 가지고 시비한다면
가장 보편적인 진리를 알 수 없는 것이다."

139. 평화 분석경(Aranavibhanga Sutta)

―중도생활을 권한다―

부처님께서 아나다삔다까 승원에 계실 때
수행승들에게 말했다.

"저속하고, 비속하고, 거칠고, 천박하고,
무감각적 쾌락에 대한 욕망을 추구하지 말라.
이러한 고통의 양 극단을 떠나서
여래는 중도를 원만히 깨달았다.

거기서 눈이 생겼고, 앎이 생겼고,
고요하고 탁월한 바른 깨달음을 얻어 열반에 이르렀다.
그래서 칭찬해야 할 것과 알아야 할 것과
비난해야 할 것을 알아 비난과 칭찬에 좌우되지 않고
오직 가르침만을 설했다.

그러니 즐겁기를 희망하는 사람은
즐거움에 대한 정의를 알고
자신의 즐거움을 추구하고

비밀스러운 말로 남을 공격하지 말아야 한다.

존재의 결박에 얽매이면

반드시 고통이 따르기 때문이다."

140. 세계 분석경(Dhatuvibhanga Sutta)

―탁까실라왕과 부처님의 대화―

부처님께서 마가다국을 유행하시다가 라자가하시 옹기장이 박가바에게 말했다.

"불편하지 않다면 작업장에서 하룻밤을 지내겠다."
"불편하지 않습니다.
출가스님 한 분이 먼저 와서
그곳에서 지내고 있습니다."
그래서 부처님은 밤새도록 그와 함께 앉아 계시다가 그에게 물었다.

"그대는 누구인가?"
"저는 딱까씰라국에서 온 뿍꾸싸띠입니다.
저는 싸끼야족 고따마에게 출가했습니다."
"그를 예전에 본 적이 있는가?"
"없습니다.

그러나 나는 그를 이 세상 최상의 스승으로 존경합

니다."

"세상에는 고통이 있다.
이 세상 사람들은 여섯 감각기관을 가지고
여섯 개의 세계를 바라보면서
때 없이 파도를 일으키고 있다.
바람만 자면 바다가 고요해져 삼라만상을
그 마음 거울에 훤히 비쳐 볼 수 있다."

"거룩한 스승이시여,
땅과 물과 토대 위에 바람을 잡아 불을 일으킨
이 몸이 6근을 통해 빛을 발해 6경을 보고
온갖 분별을 일으키고 있습니다.

그러나 이제 그 바람이 자니
생사의 바다가 조용해졌습니다."
"뽁꾸싸띠여, 내가 바로 그대가 찾고 있는 고따마다."
뽁꾸싸띠는 너무 놀라 감격하여 눈물을 흘렸고,
두 사람은 한참 동안 껴안고 흐느끼다가
정식으로 3배를 올리고 계를 받은 뒤 탁발을 나갔다.

"뿍꾸싸띠여, 오늘은 비도 오고 하니
내가 나가 탁발해 오겠으니 여기 있거라."
"안됩니다, 스승님.
처음이자 마지막 공양은 제가 꼭 해야 합니다."
하고 나갔는데 뿍꾸싸띠는 탁발해 가지고 오다가
갓 새끼를 낳은 암소에게 받치어
그 자리에서 열반에 들었다.

부처님께서 마다가국 왕에게 이 소식을 전하여
15일 동안을 국장(國葬)으로 모시고
다음 딱까씨라국에 보내 석달 동안
천명의 자제들과 408명의 대신들이
초상을 치르니 그 탑이 아직도 딱까씰라국에 남아있다.
이것이 파키스탄, 아프가니스탄에
불교가 들어가게 된 동기이다.

제5품 여섯 감역 품
(Salayatana-vagga)

141. 진리 분석경(Saccavibhanga Sutta)

　―4제의 실천―

부처님께서 바라나씨시 이씨빠따나 미가다야에
계실 때 수행승들에게 말씀하셨다.

"이 진리는 수행자나 성직자, 신, 악마, 세상, 하느님,
그 어떤 자도 말할 수 없는 진리이다.
누구나 가르치고 시설하고 건립, 개현하여
해설하고 밝혀야 한다.

깨치지 못한 자(범부)의 삶이
① 괴로움이라는 진리이고
② 괴로움의 원인에 관한 진리이고

③ 괴로움의 소멸에 관한 진리이고
④ 괴로움을 소멸시키는 행을 하는 진리이다.

여러분은 싸리뿟따와 목갈라나를 섬기고 사귀어라.
현명한 자로서 삶을 사는 자에게 도움이 될 것이다.
이 두 사람은 친어머니와 같고 양어머니와 같다.
그들은 이미 흐름의 경지에 들어
4성제의 진리를 설할 수 있다."

부처님께서 승원으로 돌아가신 뒤 싸리뿟따가 말했다.
"괴로움의 진리란 태어나고, 늙고 병들고, 죽는 것이다.
그로 인해 슬픔과 비탄, 아픔, 근심, 절망이 있고
구해도 얻지 못하는 괴로움이 있다.

어찌해서 태어남이 괴로움인가?
모든 고통의 감역이 여기서부터 시작되기 때문이다.
늙음은 모든 기관이 노쇠해지는 것이고
죽음은 앎이 멸망, 파괴되는 것이다.
불행을 만나면 슬퍼지고 고통에 빠지면 비탄에 잠긴다.

건강한 몸이 아프면 근심 걱정이 생기고
절망, 좌절하게 된다.
원하는 것을 얻지 못하는 것도 마찬가지이다.
젊은 사람은 늙고 싶지 않고
죽어가는 사람은 죽고 싶지 않다.

자세히 살펴보면 이 몸 자체가 고통 덩어리이다.
태어나면서부터 이 몸은 목마른 사랑에 시달린다.
먹고 싶고, 입고 싶고, 자고 싶고,
이것이 제대로 되지 않으면 화를 낸다.
그래서 그것이 반드시 소멸되어야 하고 버려져야 한다.

이것을 소멸하려면 이 몸을 바로 보고,
이 몸이 의지하는 세계를 바로 보고,
바르게 생각하고 올바른 언어와 행위 생활로 노력하여
바르게 새기고 집중하여야 한다.

바로 보고 바로 생각하면 탐욕과 성냄,
어리석음이 없어져 고통이 저절로 소멸된다.

우리 부처님, 거룩하신 님은
일찍이 이러한 이치를 깨닫고 닦아
세상의 모든 고통에서 벗어났다.

그리고 그것을 설하고 가르쳐
우리 같은 사람도 깨달음을 얻을 수 있게 하셨다.
참으로 감사하신 분이다.
우리 모두 함께 존경하고 본받아 실천하자."

142. 보시 분석경(Dakkhina-vibhanga Sutta)

—마하빠자빠띠의 금가사 보시—

부처님께서 싸끼야국 까뻴라밧투시
니그로다 승원에 계실 때
부처님의 이모 마하빠자빠띠 고따미가
법복 한 벌을 가지고 와서 드렸다.

"제가 직접 짜고 기운 법복입니다."
"승단을 위해 보시하십시오.
그것이 곧 나에게 공양한 것이 됩니다."
이렇게 세 번 이야기하는 사이
아난다가 옆에 있다가 말했다.

"세존이시여, 받아주십시오.
고따미는 부처님의 이모이시고 양모입니다.
이미 삼보에 귀의하여 계도 잘 지키고 있으며
청정한 마음으로 고통을 없애는 수행에
동참하고 있습니다."

"그렇다, 아난다여.

마하빠자빠띠는 진실로 은혜의 어머니다.

어떤 사람이 누군가의 인연으로 이렇게 오신 님,

연기법을 깨달은 님, 여래의 제자,

거룩한 길에 들어선 님, 돌아보지 않는 님,

돌아오지 않는 길에 들어선 님이나

한 번 돌아오는 님, 한 번 돌아오는 길에 들어선 님,

흐름에 든 님, 흐름에 드는 길에 들어선 님,

감각적 쾌락의 욕망에서 벗어난 님, 도덕적인 사람,

부도덕적인 사람에게 보시하면

모두가 갚음의 보시다.

그런데 축생에게 보시하여도

그 복이 백 배나 불어나고

부도덕한 사람에게 보시하여도

천 배, 도덕적인 사람에게 보시하여도

10만 배의 공덕이 있는데

하물며 원만히 깨달은 님께 보시하면

어떤 공덕이 있다는 것은 짐작할 수 있을 것이다.

그런데 참모임에 대한 것도
각기 차이점이 있나니
부처님, 수행승, 수행녀, 더 나아가서는
가짜 승복을 입은 사람에게 보시한다 해도
큰 복이 있다.

계행을 지키는 자가
계행을 지키는 자에게 보시하면
그 과보가 크다.
믿음을 가지고 기쁜 마음으로 보시하면
그 덕행이 청정해진다.

계행을 지키지 않는 사람이
계행을 지키는 사람에게 보시하면
보시 받는 자의 덕행을 더욱 청정하게 만든다.
계행을 지키지 않는 자가
계행을 지키지 않는 자에게서 믿음을 보시받으면
어느 쪽의 덕행도 청정하지 못하고,
계행을 지키는 자가 계행을 지키는 자에게서

믿음으로 보시하면 굉장한 과보를 받게 된다.

탐욕을 떠난 자가 탐욕을 떠난 자에게
기쁜 마음으로 보시하면
그 보시는 세간적 보시 가운데 최고가 될 것이다."

143. 아나타삔디까 교화경
(Anathapindikovada Sutta)

―수닷다 장자의 깨달음―

부처님께서 아나타삔디까 승원에 계실 때
아나타삔디까가 중병에 드러누워 있으면서
부처님과 싸리뿟따에게 알렸다.

"아나타삔디까가 중병이 들어 누워 있어
직접 찾아뵐 수 없게 되어 있으니
찾아주셨으면 좋겠습니다."

소식을 들은 싸리뿟따가 찾아가 문안드렸다.
"아나타삔디까여, 참아내고 견딜 만합니까?
고통이 줄어들고 더 이상 불어나지 않기를 바랍니다."
"갈수록 심해질 뿐 나아질 기미가 없습니다.
날카로운 칼끝으로 머리를 쪼개는 것 같이 아픕니다.
허리띠로 머리를 조이는 것 같고 날카로운 칼로
배를 긋는 것 같으며 힘센 장사가 양쪽 팔을
잡아당기는 것 같습니다."

"그렇다면 보고 듣고 깨닫고 아는 놈들을 주시하며
미각, 청각, 촉각 등에 집착하지 말아야 합니다.
그렇게 하면 6근, 6경, 6식에서 벗어나 5온이 공한 것을
깨달을 것입니다.

그리고 이 세상과 저 세상을 관찰해 보십시오.
아나타삔디까는 이 세상에 태어나 번 돈으로
기수급고독원을 만들어 시방의 수행승들을 모시고
공부하게 하였고 세상에서 가장 높은 어른을 모시고
법문을 들었으니 그 공덕으로
장차 천당에 태어나는 것은 의심의 여지가 없습니다."

이 말을 듣고 침대에서 일어난
아나타삔디까는 노래 불렀다.

"여기 사랑스런 제따숲은 거룩한 님들이 모여 있는 곳
가르침의 제왕이 살면서 기쁨의 방법을 가르치는 곳
착한 의지, 밝은 지혜, 삼매, 계행으로 사람들을
청정하게해 슬기롭고 지혜로운 사람들이 되게 하네."

하늘 사람들이 이 소리를 듣고 내려와 아니타뻰디까를 도움으로써 건강을 회복하여 다시 더 건강하게 살면서 복지사업을 할 수 있게 되었다.

144. 찬나 교화경(Channovada Sutta)

―불사(不死)의 죽음―

부처님께서 아나타삔디까 승원에 계실 때
존자 싸리뿟따와 쭌다, 찬나가 갓짜꾸따산에서
수행하고 있었는데, 찬나가 병이 났다.

싸리뿟따와 문안을 가서 쭌다가 말했다.
"찬나여, 어찌 견딜 만한가?"
"고통은 날로 불어나고 줄어들 기미가 없습니다.
극도의 열기가 몸을 태우는 것 같습니다.
자결하고 싶습니다."

"그런 생각 하지 마십시오.
무엇이 생각나는 것이 있으면 약품과 음식을
구해오겠습니다. 시자를 보내 거들어 드릴까요?"
"저는 오랫동안 스승을 부모처럼 섬겨왔습니다.
아무 것도 구하는 것이 없습니다."

"그렇다면 나, 내것이란 관념을 버리십시오."

"시각, 청각, 후각, 미각, 촉각, 정신이 나,
내 것이 아니고
거기서 알려지는 모든 것도 마찬가지입니다.
모두 그것은 안개속에서
나타났다 사라지는 것이기 때문입니다."

그런 다음 그는 동료 선배 수행자들이 떠나자
스스로 열반에 들었다.
그 후 부처님께서 이 소식을 듣고
'찬나는 다시 태어나지 않는다'
말하였다.

145. 뿐나 교화경(Punnavada Sutta)

―뿐나의 깨달음과 포교정신―

부처님께서 아나타삔디까 승원에 계실 때
존자 뿐나가 저녁 무렵 홀로 명상하다가
일어나 부처님께 찾아갔다.

"부처님, 제가 홀로 떨어져 방일하지 않고
열심히 공부할 수 있도록 가르쳐 주시면
감사하겠습니다."
"뿐나여, 시각에 인식되어 감각적으로
쾌락을 유발하는 것이 있다.
수행승이 이것에 탐닉하여 환락에 빠지면
괴로움이 발생한다.

청각, 후각, 미각, 촉각, 정신에 대해서도 마찬가지이다.
그대는 장차 어떤 지방에 가서 지내려고 하는가?"
"쑤나빠란따 지방으로 가려 합니다."
"그들은 잔인하여 사람들을 잘 때리고
해친다는 말을 들었는데!"

"때리고 해치더라도 죽이지 않는 것만으로도
다행으로 생각하겠습니다."

"죽어도 괜찮겠는가?"
"언젠가 한 번은 죽고 말텐데 일찍 죽여 주어
고통을 없에주면 감사하다고 생각하겠습니다."
"그렇다면 가도 괜찮다.
훌륭한 뿐나여, 법을 펴는 사람은
그만한 각오가 있어야 법을 펼수 있는 것이다."

그 후 뿐나는 쑤나빠란따에서
500명 대중을 교화시켰고
우기중에 세 가지 명지를 얻어 열반에 들었다.

146. 난다까 교화경(Nandakovada Sutta)

―반달과 같은 교화, 온달과 같은 교화―

부처님께서 아나타삔디까 승원에 계실 때 마하빠자빠띠가 500명 수행녀들을 데리고 부처님을 찾아왔다.

"세존이시여, 수행녀들에게 가르침을 베풀어 주십시오."
그래서 장로들이 순서적으로 교화하였는데, 존자 난다까가 가르치고 싶어 하지 않았다. 부처님의 명령을 받고 가서 발을 씻고 말했다.

"수행녀들이여, 그대들이 내 말을 듣고 이해하였으면 합니다.
이해를 못했다면 못했다고 말하고 의심이 있으면 물어주십시오."
"저희들은 존자께서 우리를 맞아주는 것만으로도 만족합니다."

존자는 시각, 청각에 대하여 낱낱이 물었다.

"이것은 무상합니까, 무상하지 않습니까?
괴로운 것입니까, 즐거운 것입니까?"
"무상하고 변하며 괴로운 것입니다.

우리는 진작 18계(6근, 6경, 6식)가 무상하고 변하며
괴로운 것임을 깨닫고 있습니다.
하물며 어찌 탐착이 있겠습니까!"
"훌륭합니다, 자매여.

고귀한 제자들은 그것을 지혜로써 보는 것입니다.
그것은 나도 아니고 내 것도 아니기 때문입니다.
마치 기름등불의 기름도 무상하고
등불도 무상한 것 같습니다.
나무심을 찾는 사람은 가지나 잎을 따서는 안 됩니다.
훌륭하고 노련한 도축장이는 소를 잡을 때
고기도 손상하지 않고 가죽도 손상하지 않습니다."

"그렇습니다. 내부의 감역은 취각, 청각 등
6감으로 이루어져 있고 밖으로 해탈은 새김, 탐구,

정진, 희열, 안온, 집중, 평정에 의해
깨달음을 얻기 때문입니다."

오늘은 이 정도로 해서 끝내고,
다음 날 난디까에게 다시 한 번 가르치라 하여
난디까는 탁발 후 동료 수행승들과 함께 가서
어제 법문하였던 것을 한 번 점검하고 말했다.
"물질과 마음, 의식은 영원합니까, 무상합니까?"
"무상한 것이기 때문에 괴로운 것입니다."

"그렇습니다. 그래서 수행자들은 지혜의 칼로
환란과 탐욕을 도려내는 것입니다.
모두 그것을 일시에 여의고 소멸함으로써
열반을 증득하는 것입니다."

부처님께서 들으시고
"전 날의 교화는 반달과 같고
오늘의 교화는 보름달과 같구나."
하시며 칭찬하였다.

147. 작은 라훌라 교화경
(Culaahulovada Sutta)

―라훌라의 확증―

부처님께서 아나타삔디까 승원에 계실 때
홀로 명상하고 계시다가
라훌라의 근기가 성숙 되었음을 알고 말씀하셨다.

"라훌라여, 공양후 만다숲으로 오너라."
라훌라가 오자 함께 명상한 후 물었다.
"시각은 영원한가, 무상한가?"
"무상하기 때문에 괴롭고 즐겁지 않습니다."
이렇게 6근, 6경, 6식 등 18계에 대해서 낱낱이 묻고
낱낱이 점검한 뒤 매우 만족하였다.

라훌라가 이미 그것의 탐욕과 희열에서 벗어나
있었기 때문이다.

148. 여섯의 여섯 경(Chachaka Sutta)

―18계의 청정―

부처님께서 아나타삔디까 승원에 계실 때
수행승들에게 말씀하셨다.

"그대들은 6근, 6경에 대해서 자세히 알아야 한다.
6근은 청정하고 6경은 어떠한가, 청정한가?"
"그것은 모두 조건 속에서 생겨났다 사라집니다."

"그렇다면 18계는 모두 무상하다는 말인가?"
"무상할 뿐 아니라 괴로운 것입니다.
그래서 그것을 여의고 열반을 증득하는 것입니다."
"그렇다.
이 세상 모든 사람들이 고통에 싸여 있는 것은
목마른 사랑 때문이다. 거기서 나, 내 것을 가지고
탐착하며 온갖 고통이 일어난다."

부처님은 여기서 낱낱이 18계를 점검한 뒤
만족한 마음으로 설법을 마쳤다.

149. 광대한 여섯 감각 경
(Mahacalayatanika Sutta)

―악도 악이 아니고 선도 선이 아니다―

부처님께서 아나타삔디까 승원에 계실 때
수행승들에게 말씀하셨다.

"시각은 있는 그대로 알지 못하고 보지 못하는 데서
탐욕이 생기고 고통이 생긴다.
청각, 촉각, 미각, 정신도 마찬가지다.
만약 거기서 고・락・사(苦・樂・捨)
세 가지에서 벗어 난다면 어느 것에도 걸릴 것이 없다.

그것이 안 되는 데는 멈춤과 통찰이 필요하다.
알고, 버리고, 닦고, 깨닫고, 그래서 집착을 떠나서
나, 내 것에 대한 생각만 없어진다면
거기 이끌릴 필요가 없기 때문에
그것을 미워하고 저주할 필요도 없다.
악도 악이 아니며, 선도 선이 아니기 때문이다.

150. 나가라빈다 장자경
(Nagaravindeyya Sutta)

―인식의 새로운 경지를 깨닫는 경―

부처님께서 수행승들과 유행하시다가 꼬살라국
나가라빈다라는 바라문 마을에 도착하였다.

마을 바라문들이 와서 부처님께 인사하고
한 쪽에 앉자 이렇게 말씀하셨다.
"수행자나 성직자가 시각에 인식된 형상에 대하여
탐욕과 성냄, 어리석음 떠나지 못하면
신체, 언어, 정신적인 면에 있어서
시비를 벗어나기 어렵다.

그래서 존경받지 못하는 것인데,
어리석은 사람은 남 때문에 내가 존경받지 못한다고
생각하는 경우가 있다.

그러므로 수행자나 성직자는
시각, 청각, 후각의 모든 깨달음과 인식에 대한 빛,

소리, 냄새, 맛에 대해서도
그렇게 깨달아야 한다.

151. 탁발 음식 정화 경
(Pindapata-parisuddhi Sutta)

―물(物) 자체는 싫어할 것이 없다―

어느 때 부처님께서 벨루숲 깔린다까니바빠에 계셨다.
싸리뿟따가 저녁 무렵 부처님을 찾아가니
부처님께서 말씀하셨다.

"싸리뿟따여, 감관은 청정하고 피부색이 매우 밝구나.
요즘은 어떤 수행을 주로 하는가?"
"공을 닦습니다."
"그렇다면 탁발하러 갈 때나 올 때나
거기서 느껴지는 것이 별로 없겠구나."
"그렇습니다. 있는 그대로 볼 뿐입니다.
그래서 항상 즐거워하고 기뻐할 뿐입니다.

문제는 탐욕입니다.
탐욕만 없다면 5감에 무슨 쾌락이 있으며,
그것을 싫어할 필요가 있겠습니까.
물(物) 자체는 아무런 생각이 없습니다."

"장하다, 싸리뿟따여.
장차 모든 수행승들을 그렇게 교육한다면
이 세상은 바른 세상이 될 것이다."
"여덟 가지 해탈의 길(八正道)이
바로 그것을 위한 길이 아니겠습니까?"

152. 능력개발 경(Indriyabhavana Sutta)
―물(物)에는 희로애락이 없다―

부처님께서 중인도 까장갈라국 무켈라 숲에 계실 때 빠라싸리야 바라문 제자 웃따라 청년이 찾아와 물었다.

"세존이시여, 세존께서는 제자들에게
능력개발에 대한 말씀을 하십니까?"
"그렇다. 그대들은 어떤가?"
"저희들도 가르치는데 눈으로 세상을 보지 말고
귀로 소리를 듣지 말라 가르칩니다."

"그렇다면 그것은 장님, 귀머거리의 교육이 아닌가.
보고 듣는 것은 그대로 보고 듣되
거기에 이끌리지 않는 것이 중요하다.

색이 무슨 생각이 있는가?
일체는 나의 생각에 문제가 있는 것인데,
그러므로 나는 마음을 새기라고 하고
계율에 의해 탐착하지 말라고 가르쳤다.

좋아하고 미워하는 마음만 없으면 빛, 소리, 냄새, 맛,
감촉에 대해서도 마찬가지고 정신적으로 느끼고,
헤아리고 상상하고 깨닫는 것도 걱정할 것이 없다.
무엇이든 좋게 쓰면 귀하게 되는 것이고,
나쁘게 쓰면 천하게 되는 것이다."

아난다도 이 법문을 듣고
"부처님의 가르침은 능력을 개발하는 것이다."
다시 한 번 깨닫고
시각, 청각, 후각이 나쁜 것이 아니고
그것을 어떻게 쓰느냐에 따라 세계와 인생이
함께 발전하는 것이라는 것을 알았다.

그래서 그는 더욱 부처님의 계율에 관심을 가지고
제자들을 어여삐 여기며 세상의 이익을 위하여
자비를 베풀었다.

부파불교와 아함경

2020년 10월 10일 인쇄
2020년 10월 15일 발행

編 撰　　活眼

발행인　　한국불교금강선원 금강회
발행처　　불교통신교육원
등록번호　76. 10. 20 제6호
주　소　　12457 경기도 가평군 청평면 남이터길 65
전　화　　031-584-0657, 02-969-2410
인　쇄　　이화문화출판사 (02-738-9880)
삽　화　　박미경
값 : 10,000원

※ 본 책의 내용을 무단으로 복사 또는 복제할 경우
　저작권법의 제재를 받습니다.